Christina Weise

Glücksorte in Brüssel

Fahr hin und werd glücklich

Droste Verlag

Danke an Alex für die wertvollen Tipps und an Marjorie für die Französisch-Hilfe.

Danke an meine Familie und engen Freunde für die unermüdliche Unterstützung in allen Bereichen.

Danke an Antje Kluth für das Lektorat.

Liebe Glücksuchende,

mich faszinieren Orte, die vielfältig sind und überraschen. Brüssel ist so eine Stadt. Auf den ersten Blick mag sie trist und grau wirken, das wird ihr oft nachgesagt. Aber Brüssel ist bunt, facettenreich und lecker. Während meiner Suche nach den 80 Glücksorten habe ich gut gegessen, interessante Leute kennengelernt, fünf Sprachen gesprochen und erlebt, wie kreativ, nachhaltig, sozial und humorvoll Brüssel sein kann. Es waren nicht nur Trips an besondere Orte, sondern in viele kleine Welten, die wie selbstverständlich in der Stadt nebeneinander existieren. Kommen Sie mit! Es geht hoch hinauf, ab ins Grüne und in die Unterwelt. Tauchen Sie ein in die afrikanische Küche, tibetanische Klänge und puren Luxus. Lassen Sie sich von den Orten im Buch inspirieren und finden Sie Ihre persönlichen Glücksorte. Gehen Sie in Nebenstraßen, kleine Läden, um die Ecke, aus der Stadt raus und kommen Sie mit den Leuten ins Gespräch. Aber vergessen Sie bei all der Entdeckerlust nicht das Wichtigste: zu genießen. Tun Sie es den Brüsselern gleich und lassen sie sich begeistern von den guten Restaurants, quirligen Wochenmärkten, hübschen Parks, gemütlichen Cafés, urigen Bars und hippen Kneipen. Viel Freude dabei!

Ihre Christina Weise

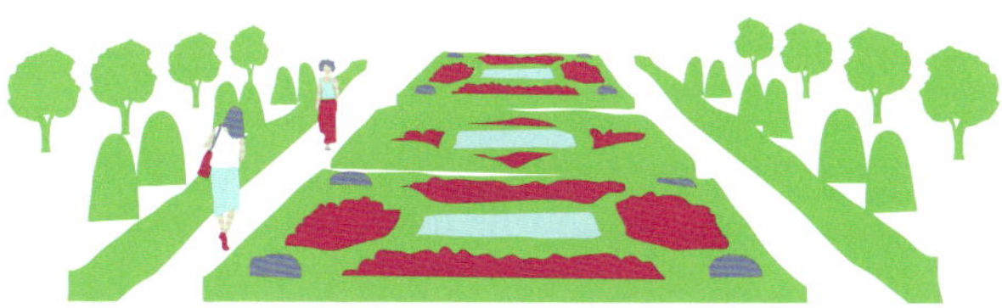

Deine Glücksorte …

... noch mehr Glück für dich

GAUFRE
DE BRUXELLES

Frühstück den ganzen Tag

1 *Café Peck 47*

Mit einem ausgedehnten Frühstück in den Tag starten. Das ist Urlaub. Das macht glücklich. Egal zu welcher Uhrzeit, denn bei Peck ist den ganzen Tag Frühstückszeit. Am besten mit einem kolumbianischen Kaffee und Leckereien, die man sich selbst nicht zaubert. Waffeln zum Beispiel. Wie wär's mit dem Veggie-Peck-Special? Eine hausgemachte Portobello-Waffel mit zwei pochierten Eiern, Spinat und „Psycho Soße". Klingt abgefahren? Ist es auch. Und super lecker. Die Waffel ist unglaublich fluffig und die Sauce gar nicht so psycho, sondern eine cremig-milde Tomaten-Hollandaise. Wer keine Waffeln mag, findet in der kleinen, aber gut zusammengestellten Karte andere Highlights wie eine brasilianische Bowl mit Açaí, Banane und Granola oder einen Orange-Karotte-Ingwer-Smoothie. Für Spätaufsteher gibt's Cocktails. Und dazu vielleicht einen „wilden Belgier", ein reichlich belegtes, warmes Ciabatta. Oder eine der Suppen, einen Salat oder Kuchen. Die Speisen sind gesund und werden alle vor Ort aus lokalen Produkten zubereitet. Bei Peck muss man nicht bis zum Sonntag warten, um zu brunchen.

TIPP Noch mehr Peck: Peck 20, nahe Place Louise/Louizaplein. Streetpecker, Place Charles Rogier/Karl Rogierplein.

Nicht nur die Speisen sind kunterbunt, auch im Café selbst gibt's viel zu sehen. Die Pflanzen, die von der Decke hängen, und die Wanddekoration mit den vielen Bildern geben dem großen hellen Raum eine Mischung aus Mensa- und Wohnzimmer-Atmosphäre. Das Personal bedient freundlich und sprachgewandt. An einer weißen Wand prangt, auf Palletten aufgesprüht, das Motto des Peck 47: Follow your dreams. Passend dazu versammeln sich hier überwiegend junge Menschen aus der ganzen Welt, die entspannt essen und quatschen wollen: Erasmus-Studenten, Abiturienten, City-Hopper. Vor allem für Letztere ist die Lage mitten in der Stadt, nicht weit von Grand Place/Groote Markt und Muntplein, ideal. Deswegen kommt es hier auch nicht selten zu langen Warteschlangen – Reservierungen werden keine entgegengenommen. Am besten so früh wie möglich kommen, denn die meisten Peck-Gäste sind Spätstücker.

Peck 47, Rue du Marché aux Poulets 47, 1000 Brüssel, Tel. +32 2/5 13 02 88
www.facebook.com/peckbxl
ÖPNV: Metrolinien 1, 5, Tramlinien 3, 4, 32, Haltestelle De Brouckère

Vintage Pflanzen

2 *Blumenladen BRUT*

Sattes Grün. Hohe Luftfeuchtigkeit. Der Geruch von feuchter Erde. Palmen, Kakteen, Sukkulenten. Nein, das ist nicht der tropische Regenwald. Aber es fühlt sich so an. Schon der erste Schritt führt ans andere Ende der Welt. Der Pflanzenshop BRUT ist ein echter urbaner Dschungel im Herzen des Viertels Marolles/Marrollen. Die Luftfeuchtigkeit ist so hoch, dass an den großen beschlagenen Fensterscheiben einzelne Wassertropfen herunterlaufen. Und so voll, dass sich grüne Blätter gegen das Glas drücken. Die meisten Pflanzen sind Second Hand. Vor allem solche, die ihren Vorbesitzern in den kleinen Stadtwohnungen über den Kopf gewachsen sind. Oder solche, deren Vorbesitzer gestorben sind. Die werden daraufhin ins BRUT gebracht, und die netten Verkäufer suchen den grünen Lieblingen ein neues Zuhause. Deshalb ist das BRUT auch ein Pflanzen-Antiquariat. Manche leben bereits seit einem halben Jahrhundert!
Lucie Martens ist Illustratorin und Floristin und kümmert sich im BRUT um die Pflanzenpflege. „Unser Ziel ist es, das Seltene, Authentische und Einzigartige zu zeigen", erklärt sie. „Wir möchten, dass alles, was lebt, mehr Respekt bekommt. Und allgemein, dass die Menschen, vor allem die Städter, gesünder leben und mehr im Einklang mit der Natur."
Gleichzeitig ist der Laden ein Zeichen gegen Massenproduktion und -züchtung. Lucie berät Kunden und Interessierte, wie sie tropische Pflanzen am besten pflegen, denn viele bringen ihre Pflanzen in schlechtem Zustand ins BRUT. Es gilt vor allem: nicht zu viel gießen, kein kaltes Wasser benutzen, von Wärmequellen fernhalten.

Neben Pflanzen gibt's im BRUT auch Vintage-Gartenmöbel, wie Rattan-Armsessel, exotische Peacock-Stühle und große Macramee-Pflanzenhänger aus den 1970ern. Und natürlich tolle Blumentöpfe, Vasen, Mini-Gewächshäuser und Glashauben. Alles ist in dem kleinen Laden zwischen den Pflanzen-Kuriositäten verteilt. Hier lohnt es sich, länger zu verweilen und auf Entdeckungstour zu gehen.

BRUT, Rue Haute/Hoogstraat 202, 1000 Brüssel, Tel. +32 2/2 75 39 58
www.brutbrussels.com
ÖPNV: Tramlinien 92, 93, Haltestelle Poelaert

Kleidung im Kilo

3 *Second-Hand-Laden Melting Pot Kilo*

Das Kilo 15 Euro! Was nach teurem Wochenmarktpreis klingt, ist in Wirklichkeit ein Fashion-Traum. Bei Melting Pot Kilo gibt's Kleidung ohne Preisschild. Egal, ob Sommerjacke, Markenjeans oder fünf Tops und drei Shirts – auf das Gewicht kommt es an. Das Gleiche gilt für Schmuck, Schals und Schuhe. Die Auswahl ist riesig: Daunenjacken, Schlaghosen, 90er-Sweatshirts, Cowboystiefel, Handtaschen. Alles gut sortiert, auf zwei Etagen verteilt und farblich geordnet aufgehängt. Die Kleiderstangen zieren die Wände, dazwischen stehen immer wieder schmale lange Spiegel, und darüber hängen Neonröhren. Dekoration gibt es keine, jeder freie Platz wird für Kleidung ausgenutzt. So stehen auf der Holztreppe, die mitten im Laden in den zweiten Stock führt, auf jeder Stufe ein Paar Schuhe. Auch im oberen Bereich, der wie eine Galerie angelegt ist, gibt es für jeden Geschmack etwas. Vor allem im Bereich Jeans ist die Auswahl von Melting Pot Kilo groß: Oversize-Jacken, schmale Hemden, hochgeschnittene Hosen. Hippe Brüsseler/-innen und Vintage-liebende Touristen jeden Alters stöbern und probieren stundenlang auf der Suche nach außergewöhnlichen Einzelstücken. Dazu läuft Reggae-Musik. Hier kann man sich Zeit lassen. Wenn die Auswahl schließlich getroffen ist, werden die Fundstücke in einen Bastkorb gelegt, der auf einer Art Gemüse-Waage steht. Schon zwischendurch kann man immer wieder kontrollieren, wie viel Gramm man bereits mit sich herumträgt, denn dafür stehen überall im Laden Waagen bereit. Ein bisschen fühlt man sich schon wie in der Gemüseabteilung eines großen Supermarktes – nur mit Kleidung, und das ist toll, denn das ist anders. Die Idee haben die Ladenbesitzer übrigens aus der Fashion-Metropole Paris. Dort gibt es das Konzept der Mode im Kilo seit den 80er-Jahren. Das Angebot ist immer anders, denn täglich kommen neue Dinge dazu, die dann für wenig Geld einen neuen Besitzer bekommen. Aber Achtung: Mit einem Paar Schuhe sind die 15 Euro schnell erreicht!

TIPP Melting Pot Kilo gibt's auch im Viertel Marolles/Marrollen, an der Ecke zum Aufzug.

Melting Pot Kilo, Rue des Poissonniers/Visverkopersstraat 2, 1000 Brüssel, Tel. +32 2/7 51 68 24 www.meltingpotkilo.com

ÖPNV: Metrolinien 1, 5, Tramlinien 3, 4, 32, Haltestelle De Brouckère

UNIT PRICE
TOTAL PRICE
VERTIE
Capacity 40kg
Division 5 g
TD-8888

Unterirdische Kunstgalerie

4 *Kunst an Metrostationen*

So macht Metrofahren Spaß! Gemälde, Skulpturen, Fotografien, Buntglasfenster – viele verschiedene Arten von Kunstwerken haben im Laufe der Jahre ihren Platz in Brüssels größter unterirdischer Kunstgalerie gefunden: in den Metrostationen. Es ist ein tolles Gefühl, ganz gespannt in eine neue Station einzufahren und sich davon überraschen zu lassen, welche Kreation einen hier erwartet. Alle 80 Werke stammen von belgischen Künstlern und sind völlig unterschiedlich. Seit über 40 Jahren geben die Kunstwerke aus verschiedenen Materialien wie Leinwand, Bronze, Holz, Glas und Stahl der Brüsseler Metro einen besonderen Charakter. Kurz vor der Inbetriebnahme der ersten Metrostationen wurde Ende 1969 ein künstlerisches Komitee eingesetzt. Alle Stationen sollten sich unterscheiden, eine eigene Identität und Atmosphäre erhalten.
Eine Kunstentdeckungsreise mit der Metro quer durch die Stadt lohnt sich für Kunstfans besonders. Gern einfach zwischendurch aussteigen, durch die Metrostation streifen und besondere Kunst finden. Denn nicht nur die Haltestellen, auch Fahrkartenautomaten, Decken oder Bänke wurden von den Künstlern miteinbezogen.
Comic-Liebhaber müssen in die Station Stockel/Stokkel, Endstation der Linie 1. Hier befinden sich zwei jeweils 135 Meter lange Reliefs mit 140 Figuren, die in 22 Tim-und-Struppi-Alben vorkommen. Bei Porte de Hal/Hallepoort kann man das Werk von François Schuiten bewundern. Acryl auf Wand gibt's an der Haltestelle Vandervelde von Paul de Gobert. Es zeigt die Umgebung der Station, bevor sie urbanisiert wurde. Bei Parvis de Saint-Gilles/Sint-Gillis Voorplein hat die Künstlerin Françoise Schein den vollständigen Text der Erklärung der Menschenrechte in großen weißen Buchstaben auf blauen Kacheln verewigt. Dank Thierry Renard ist an der Station Sainte-Catherine/Sint-Katelijne immer Frühling. Bunte Tulpen brachte er per Siebdruck-Verfahren an die Wände, um den Besuchern an jedem Tag ein bisschen Frische und Fröhlichkeit in den dunklen Untergrund zu bringen.

Homepage mit interaktiver Karte, Bildern und Erklärungen zu allen U-Bahn-Stationen: www.mivbstories.be/kunst-de-metro

PARK

Klein und sehr fein

5 *Restaurant Le Tournant*

Authentisch, gradlinig, entspannt. So ist das kleine Restaurant Le Tournant im quirligen Viertel Matonge. Hier gibt es kleine, einfache Gerichte für Eilige und umfangreiche, originelle 4-Gänge-Menüs. Die Karte variiert regelmäßig, je nach Saison. Das Degustationsmenü mit vier Gängen kostet 40 Euro und schickt einen auf eine kulinarische Reise, perfekt begleitet von Naturweinen. Das Fleisch ist sehr gut zubereitet und zergeht auf der Zunge, das Gemüse ist passend ausgewählt und der Nachtisch interessant arrangiert. Wie wär's mit zartem Hirschfleisch aus den Ardennen, gedünstetem Gemüse und zum Nachtisch Apple-Crumble mit Vanilleeis? Als Amuse-Gueule wird feiner Brokkoli-Schaum serviert. Die meisten Weine der großen Auswahl stammen von der Weinbar Titulus genau gegenüber. Sie ist die Adresse für Naturweine in Brüssel. Diese werden importiert oder hier selbst produziert. Eine Gruppe von Freunden gründete gemeinsam Le Tournant und Titulus. Denis Delcampe ist Koch im Le Tournant und vom französischen Restaurantführer Gault & Millau für seine besondere Auswahl und Verarbeitung der Lebensmittel ausgezeichnet.

In Brüssel wird viel Wert auf gutes Essen gelegt. So sind unter den Gästen im Le Tournant vor allem Einheimische, viele davon sind Stammkunden. Aber auch Geschäftsreisende und vereinzelt Touristen finden den Weg in das kleine Restaurant. Es gibt eine französische und eine englische Karte, Letztere ist aber lückenhaft. Mit beiden Karten, der Hilfe der freundlichen Bedienung und dem Internet gelingt es, das Menü plus passende Weine zusammenzustellen. Ein witziger Start in einen tollen Abend mit leckerem Essen. Im Tournant sollte man sich auf jeden Fall Zeit lassen und einen entspannten Abend genießen. Und eines kann man sich sicher sein: Das Restaurant Le Tournant ist keine Touristenfalle.

Le Tournant, Chaussée de Wavre/Waversesteenweg 168, 1050 Brüssel, Tel. +32 2/5 02 61 65
www.restaurantletournant.com

ÖPNV: Buslinien 38, 71, 95, Haltestelle Idalie, Metrolinien 2, 6, Haltestelle Porte de Namur/ Naamsepoort

www.glougueule.fr

Ab auf die Insel

6 *Park Bois de la Cambre*

Blaues Wasser, grüne Wiesen, Sonnenschein. Da kommt doch direkt gute Laune auf. Familien picknicken auf knallbunten Decken, Studenten lesen, auf dem Rücken liegend, Jugendliche spielen dazwischen Fußball. Vorbei fahren Radler, Inline-Skater und junge Tretroller-Fahrer. Der längliche Park Bois de la Cambre/Ter Kamerenbos ist ein beliebtes Ausflugsziel bei Sonnenschein. Was ihn so besonders macht, sind seine Größe und der mittig gelegene See mit der kleinen Insel. Am Ufer des Sees liegen Ruderboote ruhig wippend im Wasser und warten auf eifrige Fahrgäste. Wer sich nicht anstrengen möchte, besteigt die kleine Fähre, die regelmäßig auf die Insel übersetzt und vor allem Besucher des edlen Chalet Robinson transportiert. Das stilvolle Holzhaus mit Sonnenterrasse beheimatet eine Brasserie und ein Restaurant. Von der Terrasse oder dem sanften Wiesengras neben dem Gebäude lässt sich wunderbar das Treiben der Enten und Schwäne sowie der Ruderer beobachten. Günstigeres Essen bekommt man am hippen Kiosk „Woodpecker", das für seine hausgemachten Pfannkuchen bekannt ist. Es liegt zwar nicht auf der Insel, aber in der Nähe des Sees. Am Wochenende sind hier oft Konzerte, oder DJs legen auf.

Der 124 Hektar große Park hat aber nicht nur hügelige Wiesenflächen, sondern auch ein Waldstück. Das ist ein Ausläufer des Zonienwalds, der insgesamt 4.421 Hektar umfasst. Wanderwege ziehen sich durch Park und Wald, vorbei an Schluchten, einem alten Steinbruch aus kalkhaltigem Sandstein und durch einen Felstunnel. 1862 erhielt der Landschaftsarchitekt Edward Keilig die Zusage, die Anlage zu gestalten. Er plante Wege, den See und eine abwechslungsreiche Umgebung von Wald und Wiese – je nach Geschmack der Städter. Es war ein voller Erfolg. Besonders reiche Familien verbrachten hier ihre Freizeit. Heute kann man in dem Park nicht nur picknicken, rudern, elegant essen und Rad fahren, sondern auch reiten und geführte Wanderungen durch den artenreichen Wald unternehmen.

Bois de la Cambre/Ter Kamerenbos, im Süden der Region Brüssel
ÖPNV: Tramlinien 8, 25, Haltestelle Marie-José

Begehbarer Kleiderschrank

7 *GardeRobe Manneken Pis*

Brüssel ohne ihn ist undenkbar. Jeden Tag beobachten ihn Touristen beim Pinkeln. Nur wenige Meter von dem bekannten Brunnen entfernt, kann man den kleinen Mann gleich mehrfach bewundern – in verschiedenster Kleidung. Uniform, Fußballtrikot, Landestracht. Über 1.000 Kostüme hat der Pinkler bisher getragen – und es werden immer mehr, bis zu 30 Kleider werden ihm im Jahr geschenkt. Zuerst nur von hochrangigen Staatsmännern, heute auch von Fußball- und Karnevalsvereinen, Persönlichkeiten und Botschaften. Alle Kontinente sind in der Kollektion vertreten. So gibt's den kleinen Kerl im Gewand eines Amazonas-Indigenen, als italienischen Harlekin, US-amerikanischen Marineoffizier oder in Designermode von Jean-Paul Gaultier. Das älteste erhaltene Kostüm ist übrigens von 1747, der Schenker war Frankreichs König Louis XV., der damit die aufgebrachte Brüsseler Bevölkerung besänftigen wollte. Die französischen Soldaten, die zu der Zeit in Brüssel stationiert waren, hatten sich über die pinkelnde Statue lustig gemacht.

Die Brüsseler aber lieben ihr Manneken Pis. Es hat sogar einen eigenen Garderobier, ein Kommunalbeamter, der ihn, dem aktuellen Kostümkalender entsprechend, anzieht. Aber das ist gar nicht so einfach. Die Statue ist zwar nur 55 Zentimeter hoch, aber die Füße sind auf einem Sockel befestigt, die Arme in der Taille fixiert und am Rücken liegt die Wasserzufuhr. Im Museum stehen drei Exemplare, an denen sich jeder Besucher einmal als Garderobier versuchen darf. Nur Geduld bewahren!

TIPP Die antike Manneken-Pis-Statue steht im „Museum der Stadt" am Grand Place/Grote Markt. Das Ticket gilt für beide Museen.

Wer das Kostüm seines Ferienziels, der Lieblingsmannschaft oder seiner Heimatstadt sucht, kann im Computer nachsehen. Dort sind alle Länder, Themen, Anlässe und Sponsoren verzeichnet. Nicht alle Outfits werden im Museum ausgestellt, die Ausstellung wechselt regelmäßig. Weder in seinem riesigen Kleiderschrank noch am Brunnen steht der echte Manneken Pis. Dafür wurde er schon zu oft gestohlen. Deswegen thront er gut bewacht, aber nicht weit entfernt, auf einem goldenen Sockel.

GardeRobe Manneken Pis, Rue du Chêne/Eikstraat 19, 1000 Brüssel, Tel. +32 2/5 14 53 97
www.mannekenpis.brussels/en/home#manneken-pis

ÖPNV: Buslinien 30, 33, 48, 95, Haltestelle Grand Place/Grote Markt

THE LATEST COSTUME
LE DERNIER COSTUME
HET LAATSTE KOSTUUM
ORANGE THE WORLD (ONU WOMEN)
Journée internationale pour l'élimination de la violence à l'égard des femmes.
Internationale dag voor de uitbanning van geweld tegen vrouwen.
International day for the elimination of violence against women.
25.11.18
n° 1016

Besondere Bauwerke

8 *Park von Laeken/Laken*

Wer von der Haltestelle Stuyvenberg losgeht, kommt zuerst durch den kleinen Park „Jardins du Fleuriste du Stuyvenberg/Tuinen van de Bloemist van Stuyvenberg“ mit dem Schloss Stuyvenberg. Im direkt daran angeschlossenen Park von Laeken/Laken geht man zuerst am Schloss, dann an der Orangerie vorbei und kommt schließlich zu den Königlichen Gewächshäusern. Vor allem in der Abenddämmerung sehen sie toll aus, denn dann heben sie sich durch die wunderbare Beleuchtung schön vom dunkler werdenden Abendhimmel ab und wirken wie aus einer anderen Zeit, einer anderen Welt. Leopold II. ließ sie errichten. Der gläserne Gewächshauskomplex ist am beeindruckendsten von den drei Gebäuden und lehnt sich an das im klassischen Stil gebaute Schloss von Laeken/Laken an.

Die Gewächshäuser haben die Silhouette einer gläsernen Stadt inmitten einer hügeligen Parklandschaft. Die monumentalen Pavillons, die Glaskuppeln und die weitläufigen Galerien, die sich wie überdachte Straßen durch das Gelände ziehen, sind mehr als ein botanischer Garten aus Eisen und Glas. Jedes Jahr im Frühling sind die Gewächshäuser drei Wochen lang der Öffentlichkeit zugänglich.

Von der Glaskonstruktion aus sind in der Ferne ein asiatischer Turm sowie die Spitzen eines anderen asiatischen Gebäudes zu sehen. Sie passen so gar nicht in das Umfeld der Königlichen Gebäude. Aber sie gehen auch auf Leopold II. zurück. Der japanische Turm und der chinesische Pavillon gehören zu den Museen für Fernost-Kunst. Die Holzarbeiten am chinesischen Pavillon und an seinem Nebengebäude wurden in Shanghai gefertigt, der Eingangspavillon des japanischen Turms stammt von einem Schreiner aus Japan, die Innenausstattung aus Yokohama.

TIPP

Mehr im Park von Laken: weitere Monumente, französische Gärten und kleine Seen.

Parc de Laeken/Park van Laken, Avenue du Parc Royal/Koninklijk Parklaan, 1020 Brüssel
ÖPNV: Metrolinie 6, Tramlinien 19, Haltestelle Stuyvenberg

Die schicken 20er

9 *Bekleidungsgeschäft Gabriele Vintage*

Schon seit 20 Jahren verkauft Gabriele Wolf 20er-Jahre-Kleidung und ist damit eine Institution in Brüssel. Vor allem besondere Einzelstücke sind hier zu finden. Kostüme, Abendkleider, Jacken, Hemden, Schuhe. Extravagant, elegant, schillernd. Ab und zu ist auch ein echtes Designerstück darunter. Der Schwerpunkt liegt auf den 20ern, aber bis einschließlich der 80er-Jahre sind alle Jahrzehnte vertreten. Gabriele, die aus dem Schwarzwald stammt, wählt jedes Stück selbst aus, abhängig von Schnitt, Stoff und der Zeit, zu der es entstand. Sie findet die Kleidung auf den vielen Flohmärkten in Brüssel, bei einer Ladenauflösung oder auf ihren Reisen durch Belgien und die Welt. Oder sie wird ihr einfach vorbeigebracht.

In Gabrieles Boutique stapeln sich die Klamotten und Accessoires bis zur Decke. Im Hintergrund läuft 20er-Jahre-Musik, die Verkäuferin trägt ein Pin-up-Kleid aus den 50ern. Kunden sind Einheimische und Touristen, die, ziellos bummelnd, durch die Straßen des Modeviertels laufen. Sie sind beeindruckt und verzaubert von den außergewöhnlichen Stücken, aber trauen sich nicht immer, sie zu tragen. Zu auffällig, nicht alltagstauglich. Gabrieles Antwort: Kombinieren! Eine Bluse aus den 70ern auf Jeans und Sneaker – warum nicht? Gabriele ist es wichtig, Vintage in den Alltag zu integrieren, damit die schönen Kleider nicht im Schrank verschwinden. Da die damaligen Größen nicht mehr unbedingt den Proportionen von heute entsprechen, passen Gabriele und ihre Angestellten die Stücke nach Bedarf an. Für Männer gibt es sogar eine eigene Kollektion, inspiriert von Vintage-Stücken in modernem Design und nach Maß geschneidert.

TIPP Auf dem Bürgersteig vor dem Laden steht Zinneke Pis, der pinkelnde Bronze-Hund der „Pis-Familie".

Zu Gabriele kommen auch viele Stammkunden, die immer wieder einzigartige Kleidungsstücke für Gala-Abende, Hochzeiten oder Empfänge benötigen. Auch auf Theater- und Kinoschauspieler kann man hier stoßen. Gerüchten zufolge kamen sogar Yves Saint Laurent und Christian Lacroix auf der Suche nach Inspiration in die Boutique.

Gabriele Vintage, Rue des Chartreux/Karthuizerstraat 27, 1000 Brüssel, Tel. +32 2/5 12 67 43
www.gabrielevintage.com
ÖPNV: Tramlinien 3, 4, 32, Haltestelle Bourse/Beurs

Typisch Brüssel

10 *Wochenmarkt*

Die Brüsseler lieben ihre Märkte. Jeden Tag werden auf den Plätzen der Stadt Lebensmittel, Antiquitäten oder andere Dinge angeboten. Der Wochenmarkt am Place du Châtelain/Kasteleinsplein ist ein After-Work-Markt und somit ideal für Spätaufsteher und Langarbeiter. Erst ab 14 Uhr stehen Obst und Gemüse, Käse und Schinken, Oliven und Wein, Blumen und Waffeln bereit zum Probieren und Kaufen. Der kleine Platz hat eine sehr entspannte und nachbarschaftliche Atmosphäre. Ab 18 Uhr wird es dann richtig voll. Zwischen den Marktständen mit üppigen Schnittblumenkübeln, verführerisch duftenden Brotauslagen, mediterranen Spezialitäten und knackig-buntem Gemüse stehen Nachbarn und Arbeitskollegen bei ihrem „Apéro“, wie sie den Feierabend-Drink nennen. Es geht nicht nur um den Genuss, sondern auch ums Sehen und Gesehenwerden, man kann Freunde treffen und Nachbarn kennenlernen. Der Wochenmarkt in der Teilgemeinde Ixelles/Elsene ist mittwochs abends der Place to be, der Einkauf ist Nebensache.
Brüssel zeigt hier das, was die Stadt so besonders und spannend macht: ihre Vielfalt, die verschiedenen Welten, die nebeneinander und miteinander existieren. Seien es die verschiedenen Sprachen, in denen geredet, gelacht, geflüstert und in die übersetzt wird oder die exotischen Düfte und Köstlichkeiten, die überall angeboten werden. Besonders zu wärmeren Jahreszeiten geht von dem Markt ein richtig mediterranes Flair aus. Aber auch im Winter oder bei Regen versammeln sich Menschen, um auf die Wochenmitte anzustoßen.
Bis 21 Uhr, dann ist Schluss. Dann packen die Standbesitzer ihre Waren zusammen, die Marktbesucher verabschieden sich oder ziehen weiter in eine der vielen Bars des noblen und angesagten Viertels. Hier lohnt es sich auch vor dem Marktbesuch, einen ausgiebigen Spaziergang einzulegen und die wundervollen Jugendstilhäuser und belgischen Bürgerhäuser zu bestaunen. In den modernen Boutiquen kann man wunderbar stöbern und sich zwischendurch in gemütlichen Cafés ausruhen.

Wochenmarkt, Place du Châtelain/Kasteleinsplein, 1050 Brüssel
ÖPNV: Tramlinie 81, Haltestelle Tirinité/Drievuldigheid oder Tramlinie 8, 93, Haltestelle Bailli/Baljuw

SWEET BANANAS
SWEET BANANAS

Papageien beobachten

11 *Park von Forest/Vorst*

Das laute Gekreische und Gezwitscher sind schon von Weitem zu hören. Bei Eintritt in den Park sieht man dann den Ursprung des Lärms: unzählige Mönchsittiche flattern zwischen den Zweigen der Kiefern hin und her. Für einen guten Blick auf sie sollte man ein Fernglas oder eine Kamera mit weitem Zoom mitbringen, denn die Kiefern sind hoch und die Vögel scheu. In der Gemeinde Forest/Vorst fühlen sich die südamerikanischen Vögel heimisch und haben sich in den Bäumen am Rande des Parks an der Avenue du Mont Kemmel/Kemmelberglaan eingerichtet. Ursprung war die Aktion eines Zoobesitzers: Im Jahr 1974 ließ er 40 Mönchsittiche fliegen mit der Begründung, die Stadt könne ein wenig mehr Farbe gebrauchen.

Was für Besucher eine wunderbar exotische Überraschung ist, spaltet die Brüsseler. Für die einen gehören die Papageien mittlerweile zum Stadtbild und sind eine Bereicherung der heimischen Natur, für die anderen sind sie nervige Eindringlinge. Tatsächlich sind die Papageien gar nicht so harmlos: Sie besetzen Nester anderer Vögel und demolieren parkende Autos. Und sie vermehren sich unglaublich schnell. 30.000 Sittiche soll es mittlerweile in Brüssel geben. Die Stadt hat schon einiges unternommen, um die Populationen einzudämmen, wie Einschläfern oder Sterilisation, aber die Papageien sind schwer zu fangen.

TIPP

In Forest/Vorst gibt es viele Art-déco-Gebäude wie das eindrucksvolle Rathaus, das für jeden zugänglich ist.

Abgesehen von den Kiefern der Mönchsittiche lohnt sich eine Runde im Park. Hier finden sich viele verschiedene Bäume und eine große Rasenfläche, die im Sommer gern zum Picknicken oder für Yoga genutzt wird. Wer keinen Picknickkorb dabei hat, kann sich im La Guinguette mitten im Park stärken. Von April bis September ist das vegetarische Bistro geöffnet, wo auch verschiedene Kulturveranstaltungen stattfinden. Der höchste Punkt des Parks bietet einen guten Blick auf die tiefer liegende Stadt. Die beiden Jugendstilhäuser in der Avenue du Mont Kemmel/Kemmelberglaan, direkt gegenüber dem Park sind auch einen Abstecher wert.

Parc de Forest/Park van Vorst, Avenue du Mont Kemmel/Kemmelberglaan, 1190 Forest/Vorst
ÖPNV: Tramlinien 3, 4, 51, Haltestelle Albert

Auf 100 Metern

12 *Augustinuskirche*

Sie ist ein echter Blickfang. Majestätisch thront die Augustinuskirche auf dem runden Platz, genau 100 Meter über dem Meeresspiegel. Einer der höchsten Punkte Brüssels. Für manche mag das Gebäude etwas nüchtern und rational wirken, aber es beeindruckt durch die klaren, symmetrischen Linien, die Art-déco-Motive und den hellen Beton – das passt auf den ersten Blick nicht ins Straßenbild. Um die Kirche herum befindet sich ein Kreisverkehr, von dem acht Straßen sternenförmig abzweigen. Hier gibt es Restaurants, Bars und Cafés, hier fahren Straßenbahnen und Autos. Trotz des Lärms ist es im Innern der Kirche angenehm ruhig.

Und erstaunlich hell. Der 54 Meter hohe Turm ist teilweise offen und spendet viel Licht. Die Architekten Léon Guiannotte und André Watteyne gaben dem Gebäude einen pyramidenförmigen Aufbau, dem ein Satz mathematischer Verhältnisse zugrunde liegt. Sie ordneten geometrische Formen wie Quadrate, Dreiecke und Kreise so an, dass sie zusammen eine harmonische Einheit ergeben. Das Kircheninnere ist im Art-déco-Stil gehalten. Die Buntglasfenster in den Seitenschiffen und im Turm verleihen der Kirche eine besondere Atmosphäre. Wenn die Sonne durch die Fenster scheint, sieht man den Farbverlauf von einem kälteren violetten Ton bis hin zu einem warmen Rot-Orange sehr gut.

TIPP Im Westen der Kirche liegt der überwiegend bewaldete Duden-Park mit einem guten Blick auf die Stadt.

1914 wurde auf dem Platz der Bau einer Kirche im byzantinischen Stil genehmigt, die beiden Weltkriege und die Krise der 1920er-Jahre verzögerten das Projekt. So wurde das Gebäude erst 1950 fertiggestellt – im Stil des Art déco. Die Architekten zeichneten 1931 die Pläne der Kirche in diesem Stil, der sich durch seine geraden und grafischen Linien auszeichnet. Seit 1988 steht die Kirche unter Denkmalschutz, von 1996 bis 1998 wurde sie restauriert.

Église Saint-Augustin, Forest/Sint-Augustinuskerk Vorst, Place de l'Altitude Cent/ Hoogte Honderdplein, 1190 Forest/Vorst
www.sarmentsforestois.be
ÖPNV: Tramlinie 51, Haltestelle Altitud Cent/Hoogte Honderd

Shoppen & speisen

13 *Café und Geschäft L'Atelier en ville*

Was gibt's Besseres, als am selben Ort shoppen und essen zu können? Genau. Deswegen ist das L'Atelier en Ville die richtige Adresse für alle, die gern stöbern und schlemmen, Inspirierendes und Kreatives suchen. In dem riesigen, an einen Hangar erinnernden Raum befinden sich rechts eine Schreinerei, dahinter ein Blumenladen und ein Holzdesignstudio, links ein Café und oben ein Bekleidungsgeschäft. Da bei der Raumgestaltung großzügig Platz gelassen und dekorative Raumtrenner geschickt eingesetzt wurden, gehen alle einzelnen Bereiche ineinander über und formen ein einheitliches großes Ganzes. In der Schreinerei werden gradlinige moderne Möbel hergestellt, die auch das Café zieren, beim Holzdesigner gibt's mit Landkarten und Urlaubsmotiven bedruckte Holzplatten und Leuchtkästen mit Auto-, Pflanzen- oder Stadtkartenprint. Das Holz stammt übrigens aus belgischen Wäldern, die Drucke werden direkt vor Ort nach Wunsch erstellt.
Die Treppe in der Mitte der Halle führt direkt in den Klamottenladen. Hier gibt es überwiegend französische und spanische Marken. Das Innendesign ist eine Mischung aus Industriegebäude – wegen des rauen Backsteins – und wunderschön verzierten Rundbögen, die an Orient oder Indien erinnern. Immerhin war das Gebäude früher ein indisches Möbelhaus. Heute sind die Klamotten, großzügig auf die gesamte obere Etage verteilt, aufgehängt. Hier kann und soll man sich Zeit lassen zum Schauen und Anprobieren.
Ein besonderes Highlight ist der kleine Garten auf der Hinterseite des Gebäudes. Man kann zwischen wildem Wein und Palmen den ganzen Nachmittag verbringen. Mit einem Lachsbagel die Ruhe genießen, dazu einen frischen Saft oder Kaffee schlürfen. Ein Tipp: der Detox-Smoothie. Hört sich erst mal nicht so lecker an, ist er aber. Mit Gurke, Kiwi, Apfel, Limette und Minze. Zugegeben, es ist nicht das günstigste Geschäft, aber sicher eins der inspirierendsten.

L'Atelier en ville, Rue Haute/Hoogstraat 64, 1000 Brüssel, Tel. +32 2/5 14 04 80
www.latelierenville.com
ÖPNV: Buslinien 27, 48, Haltestelle Chapelle/Kapellekerk

LIGHT BOX
30x30cm
45 €
Magritte
FRIDA
DALÍ
The Godfather
Elvis Presley
Woody Allen
THE WOLF OF WALL STREET
Kubrick
greta garbo
KNIGHT RIDER

Getragen werden

14 *Aufzug Marolles-Poelaert/Marollen-Poelaert*

Mal nicht laufen müssen. Die Füße ausruhen und sich fahren lassen. Das ist bei einem Städtetrip, bei dem man den ganzen Tag auf den Beinen ist, viel wert. Der Aufzug ist nicht nur bei Touristen, sondern auch bei Einheimischen beliebt. Viele sind bepackt mit Schnäppchen, die sie beim nahe gelegenen Flohmarkt erstanden haben, und lassen sich so gern die 30 Meter hinauf nach Poelaert transportieren. Der Aufzug benötigt dafür nur ein paar Sekunden. Er ist aber nicht nur ein nützliches und zudem kostenloses Transportmittel, sondern bietet auch eine tolle Aussicht durch die Rundum-Verglasung der beiden Kabinen. Oben angekommen, steht man auf dem Place Poelaert/Poelaertplein, direkt neben dem imposanten Justizpalast. Das hier ist die französischsprachige noble Oberstadt. Die Aussicht von oben ist großartig: auf die Häuser der flämischen Unterstadt und des einstigen Armenviertels Marolles/Marollen, das sich immer mehr zum Szeneviertel entwickelt, mit dem lang gezogenen Place Breughel/Breughelplein. Dahinter erstrecken sich Dächer, die Spitze des Rathausturms und ganz in der Ferne das Atomium in Laeken/Laken. Besonders beeindruckend ist die Sicht in der Abenddämmerung, wenn alles in goldenes Licht getaucht wird und knapp neben dem Justizpalast die orange Sonne langsam hinter der Stadt verschwindet. Dabei hat sie viele Zuschauer. Touristen, die bei ihrem Spaziergang Halt machen, Einheimische nach der Arbeit auf dem Weg nach Hause, Jugendliche mit dem Skateboard in der Hand und Straßenmusiker, die genau wissen, wie sie die Stimmung musikalisch untermalen können.

TIPP Unten in Marolles/Marollen auf der Rue Haute/Hoogstraat gibt es viel zu sehen und entdecken.

Ascenseur Marolles-Poelaert/Lift Marollen-Poelaert, Place Poelaert/Poelaertplein, 1000 Brüssel
ÖPNV: Tramlinien 92, 93, Haltestelle Poelaert

ASCEN
SEUR
LIFT
POEL
AERT

Alles verhandelbar

15 *Flohmarkt*

Auf dem Place du Jeu de Balle/Vossenplein wird jeden Morgen um sechs Uhr aufgebaut. Jazzplatten, afrikanische Masken, Spitzentischdecken, Korbstühle, Nippes. 400 Stände gibt es auf dem Platz zwischen der Kirche der Unbefleckten Empfängnis Mariens (Église Notre-Dame Immaculée/ Onze-Lieve-Vrouw Onbevlekt Ontvangenkerk) und der alten Feuerwehrkaserne, beide Gebäude aus roten Ziegeln. Die Stände sind ausschließlich von professionellen Händlern; viele verkaufen hier seit Jahrzehnten, jeden Tag bei jedem Wetter. Kurz nach sechs treffen die ersten Interessenten ein. Meist sind es Sammler und Antiquare auf der Suche nach alten Gemälden, seltenen Buchausgaben, Möbeln, Geschirr oder Postkarten.

Seit 1873 gibt es den Markt auf dem Platz mitten im einstigen Arbeiterviertel Marolles/Marollen. Noch ist es in einigen Straßen zu sehen und spüren, das Raue, Arme, Rebellische, das dieses Viertel ausmacht. In der Woche sieht man auf dem Flohmarkt Brüsseler, die in abgetragener Kleidung nach günstigen Einrichtungsgegenständen suchen oder in Altkleiderbergen wühlen, welche auf Plastikplanen ausgekippt wurden. Einige von ihnen wohnen nicht weit von hier, in der Cité Hellemans, einem sozialen Wohnungsbauprojekt im Bauhausstil aus den 90er-Jahren. Wer auf dem Flohmarkt ist, kann dorthin einen kurzen Abstecher machen: an die Rue Blaes/Ecke Rue de la Rasière.

TIPP Das Bistro Pin Pon in der ehemaligen Feuerwache bietet den besten Blick auf das bunte Treiben auf dem Platz.

Das Viertel Marolles/Marollen befindet sich im Wandel. Hippe Cafés, noble Kunstgalerien und vor allem teure Antiquariate haben sich hier schon angesiedelt. Was die Bewohner misstrauisch beobachten, ist für Besucher unglaublich spannend. Wie auf dem Flohmarkt trifft im gesamten Viertel Alt auf Neu, Edel auf Heruntergekommen. Vor allem am Wochenende kommen die Hipster und Touristen auf Brüssels berühmtesten Flohmarkt. Dann wird auch Musik gespielt, und die Preise steigen. Gegen 14 Uhr beginnen die ersten Standbesitzer einzupacken. Sie schlagen Porzellanteller in Papier ein, tragen große Spiegel zu ihren Autos und stopfen Pelzmäntel in Pappkartons.

- **Marché aux puces/Vlooienmarkt, Place du Jeu de Balle/Vossenplein, 1000 Brüssel**
- **ÖPNV: Metrolinien 2, 6 oder Tramlinie 3, 4, 51, Haltestelle Porte de Hal/Hallepoort**

Schokokünstler

16 *Chocolatier Jérôme Grimonpon*

„It's chocolate time!" Das steht auf dem Schild über der Eingangstür zur Schoko-Boutique von Jérôme Grimonpon. Schon beim Eintreten dringen die herrlichsten Düfte in die Nase: Schokolade, Nüsse, Früchte. Alles verarbeitet der Chocolatier in seinen Kreationen. In dem kleinen Ladenlokal mit Manufaktur kann man ihm dabei sogar zuschauen. Links neben der Theke ist eine große Fensterfront, dahinter befindet sich Jérôme Grimonpons Atelier. Zusammen mit einem Assistenten kreiert er hier feinste Pralinen, hochkonzentriert, aber ab und zu huscht ein Lächeln über sein Gesicht. Jérôme Grimonpon lebt Schokolade. Am meisten Spaß hat er daran, außergewöhnliche Kreationen zu entwickeln. Jeden Monat erstellt er eine neue Praline zu einem bestimmten Thema. Wichtig ist ihm dabei, dass sie nicht zu süß sind. Welche Erfindung seine liebste ist, kann er nicht beantworten. Aber womit er am liebsten arbeitet: mit dem Criollo-Kakao aus Südamerika, einer der ursprünglichsten Kakaosorten der Welt. Criollo-Schokolade gibt es als Tafel natürlich in seinem Geschäft im Herzen der Gemeinde Uccel/Ukkel zu kaufen, genauso wie eine große Auswahl an Pralinen, Aufstrichen und Bonbons.

TIPP Im Schoko-Viertel Sablon/Zavel haben viele andere Chocolatiers ihre Läden.

Die Schoko-Manufaktur von Jérôme Grimonpon ist hell, entspannt und einladend. In der Sitzecke kann man es sich mit einer Tasse heißer Schokolade gemütlich machen und dem Künstler bei der Arbeit zusehen. Unbedingt probieren: die Kreation „Detox" mit Johannisbeergelee und Rosmarin-Ganache. Sie gewann 2017 die Silbermedaille bei den International Chocolate Awards. Auch 2018 gewann der Chocolatier für sogar drei Pralinen diesen Preis. Jérôme Grimonpon wurde 2012 als bester Chocolatier Belgiens ausgezeichnet und ist immer noch einer der besten Brüssels, manche halten ihn sogar für den besten. Um das herauszufinden, müsste man bei allen über 500 Chocolatiers vorbeischauen und probieren. Eins steht dennoch fest: Jérôme Grimonpon beherrscht sein Handwerk. Hier vorbeizukommen, ist immer eine gute Idee.

Chocolatier Jérôme Grimonpon, Avenue Coghen/Coghenlaan 2, 1180 Uccle/Ukkel, Tel. +32 2/3 43 93 44, www.jeromegrimonpon.be

ÖPNV: Tramlinie 51, Haltestelle Coghenl

Innovatives Bier

17 *Brussels Beer Project*

Schon beim Eintreten steigt der Hopfen-Malz-Geruch in die Nase. In dieser Microbrauerei im angesagten Viertel Sainte-Catherine/Sint-Katelijne wird besonderes Bier geschaffen. Wilde, mutige, frische Kreationen, die es so noch nicht gab.
Die kleine, aber hochmoderne Brauerei liegt in einem ehemaligen Atelier eines Rahmenbauers. Zuerst kommt man in den Thekenbereich, wo bunte Bierflaschen hinter Zapfhähnen aufgereiht sind. Hier kann man sich beraten lassen und probieren. Wer länger bleiben möchte, setzt sich am besten hinten in den Gastraum, wo Bierliebhaber in speziell entworfenen Degustationsgläsern die außergewöhnlichen Biere probieren und dabei dem Geschehen in der Brauerei zuschauen können.
Drei bis vier neue Biere werden jeden Monat kreiert. Am liebsten so ausgefallen wie möglich. Zu kaufen gibt's aber auch die „All Stars", die sich bewährt haben und monatlich gebraut werden, weil die Nachfrage so hoch ist. Dazu gehört das erste Bier der Brauerei, das „Delta". Ein India Pale Ale, das nach Zitrus, frischem Gras und Kräutern duftet, hellgold und trüb ist und gleichzeitig trocken, leicht malzig und fruchtig schmeckt. Und das Weizenbier „Grosse Bertha" aus belgischem Hefeweizen mit sieben Prozent Alkohol. Hinzu kommen die „Pop-Ups", aktuelle Kreationen, die nur für kurze Zeit gebraut und so getestet werden. Ab und zu werden alte „Pop-ups" wieder hervorgeholt, wenn plötzlich das Interesse steigt. Das sind oft die interessantesten und mutigsten Kombinationen, wie „Chove Chuva", ein Tonka-Bier mit einer Mischung aus Zartbitter-Kakao, Nüssen und Vanille oder „Miami B**ch", das einen orange-grünen Farbton hat und mit kräftigem Hopfen und Kiwi gebraut wird.
An der Auswahl der besten Kreationen und den Namen wird die Community beteiligt. Jedes Jahr im Mai voten die Gäste für das beste Bier und seinen Namen. Die Biere der kleinen Brauerei, die 2013 als Start-up entstand, sind in mehr als 250 Bars, Restaurants und Shops in Brüssel und in 20 europäischen Ländern zu finden.

Brussels Beer Project, Rue Antoine Dansaert/Antoine Dansaertstraat 188, 1000 Brüssel, Tel. +32 2/5 02 28 56, www.beerproject.be/en

ÖPNV: Tramlinie 51, Haltestelle Porte de Flandre/Vlaamsepoort

Stille Bücher

18 *Bibliothek Muntpunt*

Ruhe. Stille. Durchatmen. Mitten im lauten Shoppingzentrum von Brüssel ist die Bücherei Muntpunt ein angenehmer Ruheort. Vor allem bei Regenwetter bietet sich der Besuch perfekt an für eine kleine Pause zwischen Shoppen und Sightseeing. Hier kann man in Ruhe sein Reisetagebuch füllen, in internationalen Zeitschriften blättern oder seine Mails beantworten. Die Muntpunt-Bibliothek ist einer der wenigen flämischen Orte in der Stadt. Er widmet sich der Förderung der niederländischen Sprache, unter anderem durch Sprachkurse. Die Mitarbeiter sprechen aber auch Französisch und Englisch, und die Bibliothek besitzt Bücher in allen drei Sprachen sowie CDs, DVDs, Gesellschaftsspiele, Games und Comics. Hier findet man zudem viele Informationen zu Brüssel, Belgien und besonders Flandern. Für Kinder gibt es im Erdgeschoss eine große Auswahl an wunderschönen Bilderbüchern, ideal für kleine deutsche Besucher, und gemütliche Selbstlese- und Vorleseecken. In der obersten Etage gibt es Gruppenarbeitsplätze mit einem tollen Blick auf die belebten Straßen und die Spitze des Rathauses am nicht weit entfernt liegenden Grand Place/Grote Markt.

Im Erdgeschoss hinten links gelangt man in das Grand Café. Hier gibt es kleine Gerichte und eine große Auswahl an warmen und kalten Getränken, die auch mit in die Bibliothek genommen werden dürfen – allerdings nur in den speziell dafür vorgesehenen Behältern. Wie nicht anders erwartet, finden sich in dem Café viele Zeitungs- und Buchleser, die Stimmung ist also auch hier sehr ruhig. Ab und zu finden aber auch Veranstaltungen wie Vorträge, Konzerte und Schachabende statt.

TIPP Nebenan befindet sich das Opernhaus La Monnaie/De Munt.

Muntpunt, Munt 6, 1000 Brüssel, Tel. +32 2/2 78 11 11
www.muntpunt.be
ÖPNV: Metrolinien 1, 5, Tramlinien 3, 4, 32, Haltestelle De Brouckère

beeldende kunsten
muziek
loading

Einmal Belgien, bitte

19 *Concept Store Belge une fois*

Die Schiefertafel auf dem Bürgersteig vor dem Eingang macht die beste Werbung für den Laden: „Belgische Designer und Kreative entdecken! Mehr als 120 belgische Marken". Na, das kann ja nur interessant sein. In dem Concept-Store gibt es tatsächlich viel zu entdecken: Schmuck aus Papier, handgemachte jecke Fliegen, Beton-Kerzenständer in Marmoroptik, geometrische Lampen, gestrickte Blumentöpfe, Panda-Gin. Hier stecken innovative Ideen, interessante Konzepte und alles mit einem Augenzwinkern und einer Prise Humor. Ganz klar: In Belgien gibt es viele talentierte Menschen.

So wie Grafikdesignerin Natacha und Produktionsdesigner Arthur, die gemeinsam die Marke „Belge une fois" ins Leben gerufen haben. Die Shirts, Poster, Tassen, Taschen sind bedruckt mit witzigen Belgizismen, Fragen wie „Do you speak belgian?" und einfach Sätzen, die den typisch belgischen Humor zeigen. Sie sind so beliebt, dass sie mittlerweile im ganzen Land zu kaufen sind. Zuerst führte das Paar einen Blog und E-Shop, dank einer Crowdfunding-Kampagne betreiben sie seit November 2015 den Concept-Store im aufstrebenden Viertel Marolles/Marollen. Da es das Antiquitäten-Viertel in Brüssel ist, verkaufen die zwei nicht nur Artikel von teils preisgekrönten belgischen Jung-Designern und -Grafikern, sondern auch Vintage-Möbel, die gleichzeitig, solange unverkauft, die Dekoration des Ladens sind und ihm eine einzigartige Atmosphäre geben. An der kleinen Bar im 50er-Jahre-Look kann man bei einem belgischen Gin, Bier oder Bio-Tee und einer Waffel das Treiben im Laden beobachten. Einmal im Monat organisieren Natacha und Arthur auch kulturelle Veranstaltungen im Viertel, wie Ausstellungen, Konzerte oder Workshops. Bei „Belge une fois" sind nicht nur die Produkte belgisch humorvoll, sondern auch die Mitarbeiter und Betreiber. Wer noch nie von belgischer Herzlichkeit gehört oder sie erlebt hat, sollte einmal hier vorbeikommen.

- **Belge une fois, Rue Haute/Hoogtstraat 89, 1000 Brüssel, Tel. +32 2/5 03 85 41 www.belgeunefois.com**
- **ÖPNV: Buslinien 27, 30, 48, Haltestelle Chapelle/Kapellekerk**

ALPHABELGE
AFONNER
BARAKI
CROLLE
DIKKENEK
ESTAMINET
FIEU
GODFERDOM
HERVE
ICI DEDANS
JATTE
KOT
LICHETTE
MANNEKE
NOQUETTE
OUFTI
PEPETTE
QUIQUINE
SCHERP
TCHOULER
UNE FOIS
VOGELPIK
WABLIEF
YENDA
ZINNEKE
E FOIS
Bruxelles
Manneken-Pis.
VINTAGE
ADDICT

Antike Schätze

20 *Galerie Bortier*

Unscheinbar liegt die kleine Passage im Zentrum der Hauptstadt, zwischen dem Mont des Arts/Kunstberg und dem Grand Place/Grote Markt, nicht weit von den berühmten Galerien Saint-Hubert/Sint-Hubertus. Wer nicht genau aufpasst, geht an dem Eingang der Galerie Bortier vorbei. Wer sich allerdings für antike Drucke, alte Nachschlagewerke oder Bücher aller Art interessiert, den locken schon die Schaufenster der beiden Läden, die den Eingang säumen. Beim Eintreten taucht man in eine andere Welt. Weit weg vom Lärm der Straße befindet man sich innerhalb von Sekunden an einem ruhigen Ort, an dem es nach Papier riecht – nach Atlanten, Lexika, Klassikern. Hier kann man ungestört stöbern, blättern, lesen und sich fachkundig beraten lassen. In der Galerie Bortier werden hauptsächlich Antiquitäten aus Papier verkauft: Erstausgaben, Illustrationen, Fotos, Drucke, Bildbände. Zudem befindet sich hier die Kunstgalerie B-Gallery, die zeitgenössische Arbeiten junger belgischer Künstler ausstellt. Sie werden von der Kulturabteilung der Stadt Brüssel ausgewählt, da die Kunstgalerie ein städtischer Ausstellungsraum ist.
In den Jahren 1847 und 1848 wurde die Passage nach Plänen des Architekten Jean-Pierre Cluysenaar gebaut, der übrigens auch die edlen Galerien Saint-Hubert/Sint-Hubertus entwarf. Benannt wurde die Galerie Bortier nach dem Grundbesitzer und Auftraggeber Pierre-Louis Bortier. Ursprünglich war sie Teil einer größeren Einkaufspassage, des Marché de la Madeleine/Magdalenamarkt. Diese wurde 1958 weitgehend zum Festsaal der Stadt Brüssel umgebaut, heute steht dort die moderne Konzerthalle „La Madeleine". Die Galerie Bortier führt von der Rue de la Madeleine/Magdalenasteenweg auf die Rue Saint-Jean/Sint-Jansstraat. Sie ist sehr schmal, hat zwei Etagen und ist hauptsächlich im Neorenaissance-Stil gehalten. Die barocke Fassade an der Rue de la Madeleine/Magdalenasteenweg ist noch von einem Wohnhaus aus dem 18. Jahrhundert und somit älter als die Passage selbst.

Galerie Bortier/Bortiergalerij, Rue de la Madeleine/Magdalenasteenweg 55, 1000 Brüssel
ÖPNV: Metrolinien 1, 5, Haltestelle Bruxelles-Central/Brussel-Centraal

Französisches Gebäck

21 *Bäckerei Charli*

Bunt und hip sieht sie von außen aus, die kleine Bäckerei „Charli" im beliebten Viertel Sainte-Catherine/Sint-Katelijne. Die hellgraue Fassade des Ladenlokals ziert eine gelb-schwarze Straßenkarte von Brüssel. Dahinter reihen sich verschieden große Brotlaibe auf den Holzregalen, in der Vitrine liegen süße und herzhafte Gebäckteilchen hübsch nebeneinander. Es duftet nach Kaffee und frisch gebackenem Brot. Herrlich!
Der Franzose Charles Reboulet alias „Charli" gründete diese Bäckerei, in der er zusammen mit seinem Team vor allem französischen traditionellen Broten, Pasteten und Kuchen einen modernen Touch gibt. Sein Ziel: Qualitätsprodukte zu erschwinglichen Preisen anbieten. Und nichts verbergen. Die Backstube befindet sich in dem Ladenlokal, nur durch eine Glasscheibe getrennt. Auf Barhockern an der schmalen Holztheke hat man die beste Sicht auf das Geschehen. Schokocroissants wie in Paris, frische Zitronentarte, fruchtige Himbeer-Verrine und geschmackvolles Roggenbrot werden hier ständig frisch gebacken. Ein Tipp: La Croix de Savoie. Das ist Briocheteig, der vor dem Backen mit französischer Konditorcreme gemischt wurde und danach mit Butter und Zucker bestrichen wird.
Ja, wir Deutschen lieben unser Brot – und hier bekommen wir richtig gutes: Roggen, Weizen, Dinkel, Landbrot, mit Nüssen, mit Feigen, Weißbrot. Die Basis aller Brote bilden Mehl, gefiltertes Wasser, Bio-Tavira-Salz aus Portugal, hausgemachter Sauerteig. Mit knuspriger goldener Kruste, einem weichen Inneren und kräftigem Geschmack. Schon allein durch den Geruch des Brots läuft einem das Wasser im Mund zusammen. Kein Wunder, dass hier die Kunden oft Schlange stehen. Die kleinen Brotlaibe sind perfekt, wenn man nur ein paar Tage in der Stadt verweilt, und bieten sich toll für eine kleine Pause auf dem nahe gelegenen Place Sainte-Catherine/ Sint-Katelijneplein an. Dazu eine Vanille-Passionsfrucht-Tarte mit schwarzem Sesam?

TIPP Danach einen Abstecher in die Kirche Sainte-Catherine/ Sint-Katelijnekerk mit der schwarzen Madonna.

Charli, Rue Saint-Catherine/Sint-Katelijnestraat 34, 1000 Brüssel, Tel. +32 2/5 13 63 32
www.charliboulangerie.com/en

ÖPNV: Metrolinien 1, 5, Haltestelle Sainte-Catherine/Sint-Katelijne

pommes-fraises
MIX CÉRÉALES 7€
Farines
INTÉGRAL
SEIGLE
T65
T55
SEIGLE/
ROGGE
3,40€ / 500GR
INTEGRAL/
VOLKOREN
3,40€ / 500GR
BLANC/
WITBROOD
3,40€ / 600GR

Parkhaus

22 *Café La Fabrique en Ville*

Es ist der ideale Platz für ein Café. Mitten im Parc d'Egmont/Egmontpark in der ehemaligen Orangerie mit hohen Fenstern und großer Terrasse. Eine echte Oase der Ruhe im geschäftigen Herzen der Großstadt. Bei schönem Wetter können die Augen das Grün des Parks genießen und die Geschmacksnerven die wunderbaren Kreationen von frischen Säften über Tagessuppen bis zu Sandwiches, Salaten und Kuchen. Am Wochenende kann man hier ausgiebig brunchen – dafür muss man aber unbedingt reservieren, der Brunch ist in diesem Café ausgesprochen beliebt.
Auch bei nicht so warmem Wetter ist das Fabrique en Ville einer der besten Orte für eine kleine Auszeit. Egal, ob für Frühstück, Mittagessen oder Kuchen mit Kaffee oder Tee. Bei jedem Wetter herrscht drinnen durch die hohen Decken, großen Fenster und die vielen herunterhängenden Glühbirnen ein helles, warmes Licht. Die Inneneinrichtung ist eine Kombination aus skandinavischem und klassischem Stil mit botanischen Einflüssen. Weiße Wände, Rattansessel, Marmortische, helle Holzstühle und dazwischen ein paar grüne Farbtupfer. Ein besonderer Hingucker ist die Rückwand, die vollständig mit einer dunkelgrünen Tapete mit Pflanzenprint bedeckt ist. Von der Galerie der oberen Etage hat man einen guten Blick auf das Geschehen im unteren Bereich. Hier befindet sich auch ein Spielzimmer für die kleinen Gäste. Das Fabrique en Ville ist nicht nur familienfreundlich – auch Haustiere sind gern gesehen.
Nach dem Schlemmen unbedingt eine Runde durch den Parc d'Egmont/Egmontpark drehen. Er wurde im englischen Stil angelegt und beherbergt majestätische Bäume, gut gepflegte Rasenflächen und tolle Blumenbeete. Und eine Statue von Peter Pan, eine lizenzierte Kopie des Originals aus den Londoner Kensington Gardens. Durch die etwas versteckte Lage der drei Eingänge ist der Park trotz der zentralen Lage mitten im Einkaufszentrum noch angenehm ruhig. Direkt daneben liegt der Palais d'Egmont/Egmontpaleis, wo die Stadt Brüssel Botschafter und andere Staatsmänner empfängt.

Café La Fabrique en Ville, Boulevard de Waterloo 44, 1000 Brüssel, Tel. +32 2/5 13 99 48
www.lafabriqueresto.be/la-fabrique-en-ville
ÖPNV: Metrolinien 2, 6 oder Tramlinien 8, 92, 93, 97, Haltestelle Louise/Louiza

Vorstellungskunst

23 *Fandax Collective*

Ein verschneiter Berg. Ein Mensch, der einen Kopfsprung macht. Die Vorstellungskraft kennt keine Grenzen. Eigentlich ist es nur ein weißer Kratzer auf grauem Stein mit einem blauen Rahmen drum herum. Dieser hebt die Abweichung von der Normalität, den Kratzer auf dem Stein, noch einmal besonders hervor. Das Schildchen mit den Worten „Snowy Mountain" darunter regt die Fantasie an. Wer hätte zuvor an einen verschneiten Berg gedacht? Nun sieht ihn jeder sofort. Außer derjenige, der daneben das Schild „Le Plongeur" geklebt hat, der Kunstspringer. Und nun sieht jeder in einem einfachen Kratzer verschiedene Dinge, Menschen, Formen. Das aktiviert Visionen, das zaubert Lächeln in Gesichter und macht Spaß.

Die Idee hatte das Künstlerkollektiv Fandax Collectiv. Nach eigener Aussage wollen die Künstler Poesie in die Stadt bringen. So hängen im ganzen Stadtgebiet Bilderrahmen um Unebenheiten, Flecken und Schmutz an Wänden. Darunter noch eine Idee, was auf dem Bild zu sehen sein könnte, und schwups, ist es Kunst, Straßenkunst, die unsere Fantasie anregt. Ein brennendes Boot, ein Reisender mit Rucksack, eine lesende Frau.

Die meisten Bilderrahmen sind direkt neben dem Eingang der Königlichen Bibliothek am Mont des Arts/Kunstberg zu finden. Der Bibliothek gefällt das. Kurz nach Anbringung der Rahmen posteten sie es stolz im Internet. Nach Aussage des Kollektivs ist dies die meistbesuchte Kunstausstellung in Brüssels Geschichte, denn jeden Tag laufen viele Menschen die Treppe am Kunstberg hoch oder runter. Andere Bilderrahmen hängen am Place de la Bourse/Beursplein, am Place de la Monnaie/Muntplein und am Kulturzentrum Bozar. Hier wurde allerdings nach kurzer Zeit alles entfernt und das Fandax Collective kommentiert in den sozialen Medien: „Es scheint, als gehöre Kunst nur ins Museum."

Das Künstlerkollektiv schafft es, dass wir Wände, Steine, Fliesen, Böden anders sehen und immer wieder neue Figuren und Formen entdecken. So wird der Stadtspaziergang zu einem ganz neuen Erlebnis.

Fandax Collective, Mont des Arts/Kunstberg, 1000 Brüssel
www.facebook.com/fandax.collective
ÖPNV: Buslinien 30, 33, 48, 95, Haltestelle Bibliothèque/Bibliotheek

Snowy
Mountain

Kaffee zu den Blumen?

24 *Blumenladen und Café GRUUN*

Es ist die perfekte Kombination: ein Café im Blumenladen. Oder ein Blumenladen im Café? Im GRUUN (flämisch für: grün) gibt's jedenfalls beides: Kaffee und Tee genauso wie Kakteen und Palmen. Der beste Ort für pflanzenliebende Kaffee- und Teetrinker. Eine Empfehlung: der Baobab-Tee. Passt perfekt zum Urban Jungle, in den man hier eintaucht. Dazu gibt's eine total entspannte Atmosphäre und eine gute Beratung zur Pflanzenpflege gratis. Vor allem Zimmerpflanzen werden angeboten: von Mini-Kakteen bis zu großen tropischen Pflanzen mit dem Ziel, dass unsere Wohnräume grüner und lebendiger werden. Kein grüner Daumen? Kein Problem, sagt Lore. Sie ist die Besitzerin und findet für jeden die richtige Pflanze. Sie klärt auch auf, dass das GRUUN eigentlich ein Blumenladen und das Café dazugekommen ist, damit die Menschen gemütlich über ihre Lieblingspflanzen nachdenken und sich informieren können.

Wer etwas nachlesen möchte, bekommt hier auch Bücher zum Thema Pflanzen und Dekoration, und damit die neuen Lieblinge in der Wohnung auch gut zur Geltung kommen, werden hübsche Töpfe angeboten, die in Belgien handgemacht hergestellt wurden. Regelmäßig werden verschiedene Workshops veranstaltet: Macramee, Kränze binden, Pflanzenkunde.

Das Café liegt im Stadtzentrum, unweit vom Mont des Arts/Kunstberg, an einem schnuckeligen dreieckigen Platz im alten Viertel der Getreidehändler. Hier reihen sich viele hübsche Häuser im Barockstil und Jugendstil aneinander um den Platz herum. Im Sommer sitzen die Gäste vor dem Café in der Sonne, blicken auf die Statue des singenden Jacques Brel und überlegen, welche Pflanzen noch in ihrer Wohnung fehlen. Direkt gegenüber liegt die Stiftung, die dem belgischen Chanson-Sänger und Schauspieler gewidmet ist und wo man in sein Leben eintauchen kann.

TIPP Der Kaffee kommt von der Micro-Rösterei MOK, die in der Rue Antoine Dansaert/Dansaertstraat 196 ein eigenes Café hat.

GRUUN plants & coffee, Place de la Vieille Halle aux Blés/Oud Korenhuis 36, 1000 Brüssel
www.gruun.brussels

ÖPNV: Buslinien 30, 33, 48, 95, Haltestelle Grand Place/Grote Markt

Was ist Europa?

25 *House of European History*

Europa zum Sehen, Fühlen, Riechen, Tasten. Multimedial und interaktiv. Nur minimal bietet das Museum schriftliche Informationen neben den Objekten an. Jeder Besucher bekommt ein Leih-Tablet, auf dem der Aufbau des Hauses abgebildet ist und die Ausstellungsstücke erklärt werden. So ist es möglich, dass die Informationen in allen 24 Amtssprachen der EU zur Verfügung stehen und der Besucher in seinem eigenen Tempo durch die Ausstellung gehen kann, entweder mit Erläuterungen bis ins kleinste Detail oder mit einem schnellen Überblick. Die Erklärungen zu den einzelnen Zeitspannen und Ausstellungsstücken sind angenehm kurz und dauern nur 20 Sekunden bis eine Minute. Im Durchschnitt braucht man für einen Museumsbesuch 90 Minuten.
Das Museum stellt die Geschichte Europas aus der Sicht von 27 Ländern dar. Von Mythen und Entdeckungen bis zu Chaos und Einigungsbestrebungen im 20. Jahrhundert. Können wir von einer gemeinsamen europäischen Vergangenheit sprechen, obwohl die Menschen von ganz unterschiedlichen geschichtlichen Ereignissen betroffen waren? Was verbindet uns? Wie wichtig ist Erinnerung?
Revolutionen, Industrialisierung, Kriege, Wiederaufbau, Gedenken an die Shoah, Demokratisierung, europäische Einigung. Im Museum bleibt Platz für kommende Entwicklungen und zum Nachdenken über Europa und seine Geschichte. Was ist für uns Europa? Worin besteht das europäische Erbe? Wie wird Europa von außen gesehen? Wichtige Fragen, die auch noch später nachklingen.
Das Haus der europäischen Geschichte liegt im Parc Léopold/Leopoldspark, mitten im Europaviertel und doch im Grünen. Der Park ist der ehemalige königliche Tierpark, und das Art-deco-Gebäude, in dem sich das Museum befindet, war eine Zahnklinik für bedürftige Kinder, erbaut mit Geldern des US-amerikanischen Geschäftsmanns und Philanthropen George Eastman, des Erfinders der Kodak-Kamera. Heute gehört es dem EU-Parlament. Der Eintritt in das Museum ist kostenlos.

House of European History, Rue Belliard/Belliardstraat 135, 1000 Brüssel, Tel. +32 2/2 83 12 20
www.historia-europa.ep.eu/de
ÖPNV: Buslinien 21, 27, Haltestelle Parc Leopold/Leopoldspark

Frauenpower

26 *Jeanneke Pis*

Der pinkelnde Mann ist weltberühmt. Dass es ein weibliches Pendant gibt, wissen nicht viele. Vielleicht auch, weil sie so versteckt pinkelt. Dabei ist Jeanneke Pis ein fröhliches Mädchen mit zwei Zöpfen, das splitternackt und ungeniert in der Hocke in ein Becken pinkelt. Die 50 Zentimeter hohe Bronzestatue wurde 1985 vom Bildhauer Denis-Adrien Debouvrie geschaffen und 1987 eingeweiht. Er wolle damit 500 Jahre Ungleichheit zwischen Mann und Frau wiedergutmachen, sagte er. Seine Kritiker unterstellten ihm kommerzielles Interesse, immerhin stellte er eine Touristenattraktion genau in die Gegend, wo er selbst mehrere Restaurants besaß.

Richtig aufsehenerregend ist die Statue leider nicht. Geschützt vor Vandalismus hinter einem roten Gitter, befindet sie sich ganz hinten rechts in der kleinen Sackgasse Impasse de la Fidelité/Getrouwheidsgang, nahe der Rue de Bouchers/Beenhouwersstraat, die übersetzt Metzgerstraße heißt, und wo sich über 80 Restaurants und Bars aneinanderreihen, mitten zwischen den mittelalterlichen Straßen und Gassen im Herzen von Brüssel, direkt am Grand Place/Grote Markt. Obwohl so zentral, würde man hier keine Skulptur vermuten. Die kleine Gasse ist nämlich das „Delirium Village", in dem sich mehrere Bars und Kneipen befinden, Betrunkene und Feierwütige ein und aus gehen. Namensgeber des „Dorfs" ist das bekannte Bier „Delirium" der belgischen Brauerei Huyghe. Direkt gegenüber von Jeanneke Pis steht das große „Delirium Café", eine Bar, die wegen ihres extrem vielfältigen Bierangebots ins Guiness-Buch der Rekorde aufgenommen wurde. Mehrere Tausend Biere aus verschiedenen Ländern werden hier ausgeschenkt. Und mittendrin, etwas versteckt, das pinkelnde Mädchen. Wie beim Manneken Pis werfen auch hier Touristen und Passanten Münzen in den Brunnen. Die Legende vom Jeanneke Pis will es, dass diese Münzen ein Beweis sind für die Zuneigung, Treue und Bewunderung zu den jeweils Geliebten. In Wirklichkeit kommt das Geld der Krebsforschung zugute.

TIPP

Das traditionelle Marionettentheater „Théâtre Royal de Toone" in der Rue du Marché aux Herbes/Grasmarkt 66.

Jeanneke Pis, Impasse de la Fidélité 10–12, 1000 Brüssel
ÖPNV: Metrolinien 1, 5, Tramlinien 3, 4, 32, Haltestelle De Brouckère

Brüssels Monstrum

27 *Justizpalast*

Er ist monströs, pompös, bedrohlich – und baufällig. Der beeindruckende Justizpalast überragt weite Teile der Stadt. Kaum ein Ort in Brüssel, von wo aus man die imposante Kuppel nicht sieht. Zudem ist der Justizpalast quasi der Endpunkt einer Achse, entlang derer sich die zentralen Symbole des Staates aufzureihen scheinen: mit unter anderem Parlament, Stadtschloss, Verfassungsgerichtshof und Rechnungshof.

Nach seiner Fertigstellung im Jahr 1883 war dieser Belle-Époque-Koloss das größte Gebäude der Welt, bis heute ist es der weltweit größte Justizpalast. Die bebaute Grundfläche ist mit 26.000 Quadratmetern sogar größer als die des Petersdoms in Rom. Die Eingangshalle, die in der Kuppel kulminiert, ist unglaubliche 104 Meter hoch. Größenwahn? Ja, der Architekt Joseph Poelaert soll während und vor allem wegen des Baus den Verstand verloren haben – und ist noch vor der Fertigstellung gestorben. Bei den Brüsselern kam der Bau gar nicht gut an. Häuser des Viertels Marolles/Marollen wurden dafür abgerissen und Bewohner umgesiedelt.

Seit 30 Jahren ist der Justizpalast ununterbrochen in ein Gerüst gehüllt. Viele Brüsseler kennen ihn gar nicht ohne. Ein Brand während des Zweiten Weltkriegs und die Abgase setzten und setzen dem Gebäude schwer zu – und nun auch dem Gerüst. Es gibt Pläne, ein Gerüst um das Gerüst zu machen. Verrückt! Erst 2040 soll das Gebäude wieder vollkommen gerüstfrei sein.

Obwohl es von außen verwahrlost und wenig einladend wirkt, sollte man eintreten. Schon von außen schüchtert der Justizpalast ein, doch innen tritt erst einmal sprachlose Stille ein. Im „Saal der verlorenen Schritte“ unter der Kuppel verhallt jeder Schritt und bleibt die Stimme weg – vor lauter Staunen über die Säulen, Gänge, Treppen und diese Ausmaße. Kein Wunder, dass Orson Welles an diesem Ort Kafkas „Prozess“ verfilmte. Man kann sich hier übrigens frei bewegen und auch fotografieren.

Palais de Justice/Justitiepaleis Place Poelaert/Poelaertplein 1, 1000 Brüssel, Tel. +32 2/5 08 65 78, www.introducingbrussels.com/palais-de-justice

ÖPNV: Tramlinien 92, 93, Haltestelle Poelaert, Metrolinien 2, 6, Haltestelle Louise/Louiza

CICERO

Wiederbelebt

28 *Kanalregion*

Im Gegensatz zu anderen Städten, die ihre Lage am Wasser mit schicken Promenaden, Cafés und teuren Wohnungen ausnutzen, war Brüssels Kanalregion lange gefährlich, verschrien, verlassen. Es war eine Industriegegend in der Stadt, die an Brennpunktviertel grenzt. Nun wird dem Gebiet direkt am Wasser neues Leben eingehaucht. Ehemalige Fabriken und Brauereien bekommen eine neue Bestimmung, die trostlose Umgebung wird aufgehübscht. Museen, Foodhalle, Hotels, ein Kulturzentrum und sogar ein Strand sind hier entstanden oder noch in Planung.

Im Sommer tummeln sich viele Brüsseler am beliebten Stadtstrand Bruxelles les Bains/Brussel Bad, der aber nicht am Meer, sondern eben am Kanal liegt. Es ist die Attraktion an heißen Tagen. Tonnen von Sand werden dafür auf den Quai des Péniches/Aakenkaai gehäuft, Wasserspiele sorgen für Abkühlung. Zwischen den Palmen und Liegestühlen stehen Buden mit internationalen Spezialitäten, abends ist Party oder Open-Air-Kino.

Direkt dahinter entsteht das umstrittene Kulturzentrum „Kanal – Centre Pompidou", eine Zweigstelle des berühmten Originals aus Paris. 2022 soll es eröffnet werden, in den Verkaufsräumen und Werkstätten des Autohauses Citroën. Kritiker bemängeln, dass nicht die eigene Kultur finanziert, sondern die französische gefördert werde. Zudem sei der Standort wegen der Nähe zu Molenbeek, einem berüchtigten Viertel, nicht ideal. Hier müsse das Geld besser in Bildungsprogramme für Jugendliche gesteckt werden.

TIPP Per Bootstour durch die Kanalregion: historische Brücken, neue Architektur, Arbeit an den Docks. www.brusselsbywater.be/en

Dies alles zeigt: Die Kanalregion verändert sich. Bei einem Spaziergang am Wasser kann man es schön beobachten. Dabei trifft man am Place Sainctelette/Saincteletteplein auf den stolpernden Wachtmeister Nr. 15 aus der Comic-Reihe „Stups und Steppke" von Hergé. Stärken kann man sich zwischendurch in einem ehemaligen historischen Schlachthof, wo sich heute die Markthalle „Foodmet" befindet (Metrostation Clemenceau). Hier gibt es wirklich Lebensmittel aus allen Ländern – der kulinarischen Weltreise steht nichts im Weg.

Quai des Péniches/Akenkaai, 1000 Brüssel

ÖPNV: Metrolinien 2, 6, Tramlinie 51, Haltestelle Yser/Ijzer

Ein Stück Afrika

29 *Viertel Matonge*

In Brüssel leben rund 100.000 Menschen mit afrikanischen Wurzeln. Die meisten stammen aus dem Kongo und Ruanda, ehemaligen belgischen Kolonien. Im bunten Viertel Matonge leben sie ein bisschen wie in ihrer afrikanischen Heimat. Hier waren in den 1950er-Jahren Studenten aus den zentralafrikanischen Kolonien untergebracht, die mit belgischen Stipendien in Brüssel studierten. Heute wirkt es wie ein typisches Geschäftszentrum einer afrikanischen Stadt – zwischen den EU-Gebäuden und den schicken Boutiquen der Avenue Louise/Louizalaan. Das Viertel an der Porte de Namur/Naamsepoort ist nach einem Bezirk in Kongos Hauptstadt Kinshasa benannt und nur wenige Straßenzüge groß. Es hatte nicht immer den besten Ruf, ist heute aber ein äußerst kreativer und lebensfroher Teil der Stadt.

Die Läden auf der Chaussée de Wavre/Waversesteenweg haben sich an die Bedürfnisse ihrer afrikanischen Kunden angepasst. Sie bieten Reisen auf den afrikanischen Kontinent oder Gespräche in die Heimat. Stoffläden sind voller farbenfroher und musterreicher Baumwollstoffe, die gern für Hochzeiten oder religiöse Feiertage benutzt werden. Daneben reihen sich Perücken im Schaufenster aneinander. Drinnen wird anprobiert, geflochten, geschminkt. Hier sind die Fachleute für krauses Haar, hier holen sich afrikastämmige Frauen ihren neuen Look. Aber auch Touristen können tolle Dekoartikel und hübschen Schmuck finden, zum Beispiel im „Afrikamäli“, wo es fair gehandelte Handwerkskunst gibt.

TIPP

Im Kulturverein Kuumba gibt es afrikanisches Essen, Konzerte, Filmabende oder Führungen durch das Matonge-Viertel.

Nicht zu vergessen: In Matonge gibt es bestes afrikanisches Essen und dazu wunderbare Musik. Zahlreiche Restaurants bieten traditionelle afrikanische Gerichte und Getränke an. Das Restaurant Soleil d’Afrique in der Rue Longue Vie/Lang-Levenstraat ist eines der bekanntesten. Sowohl Einheimische als auch Touristen kommen hierher. Die Gerichte stammen meist aus West- und Ostafrika. Und Musik läuft überall. In Friseurläden, Lebensmittelgeschäften und natürlich in den Bars und Restaurants. Sogar Stars aus dem Kongo treten dort auf.

Viertel Matonge, 1000 Brüssel

ÖPNV: Metrolinien 2, 6, Haltestelle Porte de Namur/Naamsepoort

Best Africa
COSMETIQUE
AFRICAN FOOD
ALIMENTATION EXOTIQUE
TRAVEL AGENCY
ISBEL
IMPORT EXPORT
VLISCO
Parking

Gemüse züchten

30 *Dachterrasse der Königlichen Bibliothek*

Brüssel ist grün. Fast zur Hälfte besteht die Stadt aus Parks und Gärten – und es kommen immer mehr grüne Spots hinzu. Die Brüsseler stehen auf gesundes Essen, am liebsten regional und bio, also warum dann nicht selbst anbauen? So entstehen immer mehr urbane Beete: auf Balkonen, an Straßenrändern, auf Dachterrassen. Wie auf der Königlichen Bibliothek. Direkt am Mont des Arts/Kunstberg, mitten in der Stadt, befindet sich im oberen Stock des Gebäudes die Cafeteria plus Dachterrasse. Hier wird das Gemüse angebaut, das dann wiederum in den Gerichten zu finden ist. Die Dachterrasse liegt hinten raus zwischen Hauswänden mit Blick auf den Justizpalast, windgeschützt und gemütlich. Der perfekte Ort für ein gutes Buch. Entweder aus der eigenen Bibliothek oder aus einem der schweren Bücherregale in den vier Etagen unter der Cafeteria.

Die ist ein echter Geheimtipp. Nicht jeder Brüsseler weiß um diese ruhige Oase in der Stadt, die meisten hier sind Studenten, die eine Lernpause einlegen, oder Bibliotheksbesucher. So ist die Cafeteria auch nicht besonders ausgeschildert, aber dennoch nicht schwer zu finden. Einfach in der Bibliothek den Aufzug in den 5. Stock nehmen. Der große Raum mit den zweckmäßigen Tischen und Stühlen ist nicht besonders schön, man könnte ihn wohlwollend als retro beschreiben. Die große Fensterfront bietet aber einen tollen Ausblick auf den Kunstberg und die Häuser um den Grand Place/Grote Markt. Die Cafeteria ist montags bis freitags von 9 bis 16 Uhr geöffnet.

Wer Bücher liebt, sollte auch einen Abstecher in die Bibliothek machen. Sie ist eine der größten des Landes und beheimatet eine umfangreiche Sammlung von mehr als acht Millionen Dokumenten: Bücher, Zeitschriften, Karten sowie kostbare Handschriften.

Bibliothèque royale de Belgique/Koninklijke Bibliotheek van België, Mont des Arts/Kunstberg, 1000 Brüssel, Tel. +32 2/5 19 53 11, www.kbr.be/en

ÖPNV: Buslinien 30, 33, 48, 95, Haltestelle Bibliothèque/Bibliotheek, Metrolinien 1, 5, Haltestelle Bruxelles-Central/Brussel-Centraal, Tramlinien 92, 93, Haltestelle Royale/Koning

Essen wie Angela Merkel

31 *Frittenbude Maison Antoine*

Das Maison Antoine ist eine Institution in Brüssel. Aber es ist kein Haus, wie der Name vermuten lässt, sondern eine Imbissbude. Die wahrscheinlich berühmteste in Brüssel. Vor allem wegen der bekannten Kunden. Mick Jagger und Angela Merkel haben sich hier schon die frittierten Kartoffelstreifen schmecken lassen. In einer Sitzungspause während eines EU-Gipfeltreffens 2016 hatte die deutsche Kanzlerin Lust auf eine Tüte Pommes. Beweisfotos gibt's zur Genüge im Internet. Anstehen musste die deutsche Kanzlerin aber nicht, wird sich noch heute erzählt. Das müssen „normale" Leute schon. Jeden Tag bildet sich eine Schlange vor der Ausgabe auf dem Place Jourdan/Jourdan Plein mit Touristen aus aller Welt, aber auch Mitarbeitern, der nicht weit entfernten Einrichtungen der Europäischen Union.

Bei Maison Antoine gäbe es „die besten Pommes frites der Welt" schrieb die New York Times, viele Reiseführer sagen dasselbe. Und sie sind wirklich sehr gut, werden frisch und qualitativ hochwertig zubereitet und schmecken besonders lecker mit einer oder mehreren Saucen – die Auswahl ist groß. Beilagen zu den Fritten gibt es auch reichlich, wie Saté-Spieße, Fish-Fingers oder Burger. Viele Brüsseler halten die Pommes hier allerdings für überbewertet und überteuert. Das schadet dem guten Ruf der „Friterie", die 1948 von Antoine Desmet und seiner Frau gegründet wurde, aber nicht. Nun verwaltet bereits die dritte Generation von Desmets mit großem Erfolg die Pommesbude, die sich seit Ende 2017 nicht mehr in dem kultigen Kiosk befindet, sondern in einer stylischen Bude mitten auf dem zur Fußgängerzone umgestalteten Jourdanplatz.

TIPP

Die Pommesbude „Frit Flagey" gilt als beste der Stadt: Place Eugène Flagey/Eugène Flageyplein im Viertel Ixelles/Elsene.

Maison Antoine, Place Jourdan/Jourdan Plein 1, 1040 Brüssel, Tel. +32 2/2 30 54 56
www.maisonantoine.be

ÖPNV: Buslinien 59, 60, 80, Haltestelle Jourdan

Maison Antoine
COMBINÉS AVEC
BOISSONS
Frites - Sauces
FRITES
Frites petit cornet ou ravier
Frites grand cornet ou ravier
SAUCES
Mayonnaise
Tartare Maison
Andalouse
Cocktail
Pickels
Provençale

Kunstfabrik

32 *WIELS – Zentrum für Zeitgenössische Kunst*

Schon das Gebäude an sich ist ein Kunstwerk. Das Zentrum für zeitgenössische Kunst befindet sich in der mehrstöckigen, restaurierten, ehemaligen Brauerei Wielemans-Ceuppens im Art-déco-Stil in der Gemeinde Forest/Vorst. Von 1930 bis in die 1980er-Jahre wurde hier Bier gebraut – in der damals größten Brauhalle Europas. Entworfen hat sie der Architekt Adrien Blomme. Bei der Renovierung 2005 bis 2007 wurde so viel wie möglich mit ursprünglichen Materialien gearbeitet, um die Atmosphäre zu erhalten. Mit seiner großen Glasfassade, der monumentalen Architektur und natürlich den bronzefarbenen Bottichen hat dieser Raum einen einzigartigen Charme.

Nun befindet sich in der Brauerei ein Kunstzentrum, das eine riesige Ausstellungsfläche zur Verfügung hat und internationale und belgische Avantgarde präsentiert. In sechs temporären Ausstellungen pro Jahr. Eine ständige Ausstellung gibt es nicht. Seit seiner Eröffnung 2007 zeigt das WIELS nationale und internationale Künstler, aufstrebende Talente und etablierte Werke. Und das alles interaktiv. Auch Animationen, Aktivitäten und Gespräche gehören dazu. Außerdem lohnt es sich, an einer Führung durch das Gebäude teilzunehmen. Dabei werden die Bedeutung der Brauerei sowie die des Kulturzentrums für die Stadt Brüssel erläutert, und man geht durch die Räume unter den Brautanks, durch die Brauhalle, durch eine moderne Glashalle bis hinauf zur Dachterrasse mit Panoramablick. Von hier aus sieht man das Rathaus von Saint-Gilles/Sint-Gillis, das Atomium im Norden und blickt bis zum Pajottenland im Westen, zum Tal der Senne und in die Gemeinde Forst/Vorst mit der „Höhe 100". Warum nicht danach erst die Ausstellung besuchen? Einfach einmal anders herum, von oben nach unten. Eintauchen in diese einzigartige Kunstwelt ohne Lärm, Stress, Warterei. Im WIELS ist für jeden etwas dabei, es sind unterschiedliche Stile, Themen, Farben und Formen versammelt. Das WIELS ist nicht nur ein Museum und Zentrum, sondern eine Kunstfabrik.

TIPP Zwischen Kulturzentrum und gleichnamiger Tramhaltestelle liegt ein schöner Gemeinschaftsgarten vom WIELS.

WIELS, Centre d'Art Contemporain/Centrum voor Hedendaagse Kunst, Avenue Van Volxem/ Van Volxemlaan 354, 1190 Forest/Vorst, Tel. +32 2/3 40 00 53
www.wiels.org
ÖPNV: Tramlinien 32, 82, 97, Buslinien 49, 50, Haltestelle Wiels

WIELEMANS
CEUPPENS
ELLEN
GALLAGHER
& EDGAR
CLEIJNE
BENOÎT
PLATÉUS
02.02
28.04

Pimp your style

33 *Secondhand-Laden Les Cadavres Exquis*

„Aus Alt mach Neu" ist das Motto der innovativen Designer von Les Cadavres Exquis – die kostbare Leiche. Mit ihren tollen Upcycling-Ideen bieten sie der Fast Fashion Paroli und wandeln vermeintliche „Kleiderleichen" in kostbare neue Outfits. In ihrem „kreativen Recyclingzentrum", wie sie das Jugendstilhaus mit Stuckdecke und buntem Glasfenster nennen, bieten sie verschiedene Aktivitäten an wie Nähkurse, Workshops und Vorträge. Ihr erklärtes Ziel: die Kreativität anregen und sensibilisieren. Weniger wegwerfen und neu kaufen, mehr Vintage, Secondhand und pimpen. Sie zeigen, wie edle Materialien, gut gepflegt, ein längeres Leben haben und was aus alter, unmodischer Kleidung noch herauszuholen ist. Viele Brüsseler bringen den Pelzmantel ihrer Großmutter oder die abgetragene Lieblings-Jeansjacke in den Werkstattladen Les Cadavres Exquis und holen sie ein paar Tage später, wunderbar modern verwandelt, wieder ab. Oder sie setzen sich selbst an die Nähmaschine an dem großen weißen Tisch zwischen Stoffregalen und Schneiderpuppen im hinteren Teil des Ladenlokals.

Auch wer nur kurz in der Stadt ist, sollte in dem netten Laden vorbeischauen. Schon der erste Einblick ist herrlich bunt und einzigartig. Alle Kleidungsstücke im Laden sind recycelt und werden zu erschwinglichen Preisen verkauft. Es sind Stücke, die Brüsseler vorbeigebracht oder die sie auf Flohmärkten oder bei Freunden bekommen haben. Nathalie, die Besitzerin des Ladens, formt sie dann in der Werkstatt um – und man kann ihr dabei zuschauen und sich mit der jungen Designerin unterhalten. Während sie eine Jeanshose in ein Bolero-Jäckchen verwandelt, freut sie sich über den Austausch, und man fühlt sich nach ein paar Minuten im Laden wie bei einer Freundin zu Hause. Kein Wunder, denn Nathalies Leidenschaft ist es auch, Menschen zusammenzubringen. Aber nicht nur Kleidung ist hier zu finden, sondern auch reparierte Vintage-Möbel, Kinderwagen, Accessoires und Deko-Artikel wie Vorhänge und Tischdecken.

Les Cadavres Exquis, Chaussée d'Alsemberg/Alsembergsesteenweg 139, 1060 Brüssel, Tel. +32 2/4 84 19 93 94, www.lescadavresexquis.be

ÖPNV: Tramlinien 3, 4, 51, Haltestelle Albert

Urbaner Bauernhof

34 *Bauernhof im Maximilianpark*

Schafe, Ziegen, Esel, Hühner, Kaninchen und Alpakas – mitten in Brüssel. Klingt verrückt? Ist es absolut nicht. Obwohl er recht zentral liegt, kennen wenige den kleinen Bauernhof zwischen dem Bahnhof Bruxelles-Nord/Brussel-Noord und dem Kanal. Dabei ist dieser Ort wirklich einzigartig. Hier finden sich nicht nur die verschiedensten Tiere, sondern auch Gemüsegärten der Menschen aus der Nachbarschaft. 1988 wurde das Projekt von einer gemeinnützigen soziokulturellen Organisation ins Leben gerufen, um den Stadtbewohnern das Landleben näherzubringen. Regelmäßig kommen Schulklassen hierhin und erfahren mehr über Landwirtschaft und Ökologie. Es ist immer wieder schön zu sehen, wie Kinder reagieren, die zum ersten Mal Esel und Schweine sehen, sie berühren und füttern dürfen. Aber auch die Bürger Brüssels werden hier informiert über Recycling, Kompostierung und Solarenergie.

Auch für einen kurzen Abstecher zwischen Sightseeing-Highlights bietet sich ein Besuch auf dem Bauernhof an. Jeder ist willkommen. Hier treffen sich Nachbarn, die ihren Biomüll auf den Kompost bringen, Hobby-Gärtner und Tierliebhaber. Man sollte sich Zeit für ein Schwätzchen nehmen, denn die Menschen kommen gern ins Gespräch. Sie entfliehen für einen Augenblick dem hektischen Alltag, quatschen zwischen Mistgabeln und Futtertrögen, packen mit an und lassen ein bisschen Dorfatmosphäre in die Großstadt einfließen, bevor sie wieder in ihr Leben zurückkehren. Auf dem Gelände sind überall bunte Recycling-Kunstwerke zu sehen. Nicht erschrecken vor der dicken schwarzen Spinne! Dann lieber schnell zu den Lieblingen der Farm: den flauschigen Tieren. Allen voran natürlich die beiden Alpakas Isaac und Chavez. Wenn sie gut drauf sind, geben sie sich zutraulich, und man darf es sich einfach nicht entgehen lassen, das weiche Fell zu berühren. Wer hätte schon gedacht, dass er bei seinem Brüssel-Besuch ein Alpaka streichelt?

La ferme du parc Maximilien/Boerderij van het Maximiliaanpark, Quai du Batelage/Schipperijkaai 2, 1000 Brüssel, Tel. +32 2/2 01 56 09
www.lafermeduparcmaximilien.be
ÖPNV: Metrolinien 2, 6, Tramlinie 51, Haltestelle Yser/Ijzer

Europasien

35 *Geschäft Rouge*

Sushi-Lichterketten und Frühstücksbrettchen, Desingermöbel und Saris, Räucherstäbchen und Chansons. Im Rouge gehen Asien und Europa eine interessante Beziehung ein – und die funktioniert. In dem fröhlichen, bunten und vollgestopften Geschäft finden sich Dekoartikel, Kleidung, Accessoires und Möbel aus China, Thailand, Vietnam, Frankreich, Deutschland, England. Ausgesucht von Besitzer Wei Yang, der seit 16 Jahren den Laden am Anfang der Fashion-Straße Rue Antoine Dansaert/Antoine Dansaertstraat betreibt.
Nicht nur zum Stöbern, auch für ein Pläuschchen mit Wei Yang lohnt sich der Besuch. Er kann viel erzählen: Geschichten über das Viertel, seine Bewohner und Geschäfte, über die Veränderungen und Entwicklungen, über Nachbarläden, die kamen und gingen. Gern hilft er auch mit Empfehlungen für Geschenke, kleine Aufmerksamkeiten und Mitbringsel. Im Rouge gibt es kitschig-quietschbunte Sachen genauso wie edle Besonderheiten. Wei Yang ist nicht aufdringlich, steht meist ruhig hinter der Ladentheke, befüllt die Playlist und steckt Räucherstäbchen an. Sobald er angesprochen wird, sprudelt es aber förmlich aus ihm heraus, und sein Lachen steckt an.
In Belgien gibt es übrigens keine festen Öffnungszeiten. Die meisten Geschäfte haben montags bis samstags zwischen 10 und 19 Uhr geöffnet, freitags abends meist länger. Der Besuch im Rouge ist ein guter Start für eine Shoppingtour im Dansaert-Viertel mit den vielen Boutiquen und Concept-Stores. Die perfekte Adresse für Mode- und Dekoliebhaber. Aber Achtung: Der Geldbeutel ist schneller leer, als es einem lieb ist. Deswegen am besten genau überlegen und auswählen. Es sind die besonderen Dinge, die glücklich machen und einen dann immer wieder an den Trip nach Brüssel erinnern und ein Lächeln aufs Gesicht zaubern.

Rouge, Rue Antoine Dansaert/Antoine Dansaertstraat 10, 1000 Brüssel, Tel. +32 2/5 03 04 34
ÖPNV: Buslinien 33, 86, Tramlinien 3, 4, 32, Haltestelle Bourse/Beurs

佛

Tor mit Aussicht

36 *Ehemaliges Stadttor*

Die unten hupenden Autos und rufenden Menschen sind oben nur leise zu hören. Die Aussicht ist überragend. Der Turm bietet eine ganz andere Sicht als die vielen anderen Aussichtsplattformen der Stadt. Man ist mittendrin im Stadtviertel, mitten im Gewimmel und doch in Ruhe. Der Blick fällt vor allem auf die Kirche von Saint-Gilles/Sint-Gillis und den Justizpalast, aber auch auf die Bewohner, die ihrem Alltag nachgehen, die Spitzen des Rathauses, die EU-Wolkenkratzer. Die Aussichtsplattform des einzig erhaltenen mittelalterlichen Stadttors von Brüssel ist auch das, was die meisten Leute eintreten lässt – dennoch sind es nicht viele. Schmale Treppen winden sich in den 6. Stock, vorbei an den Ausstellungsräumen des kleinen Stadtmuseums.

Heute gehört die ehemalige Festung zu den Königlichen Museen für Kunst und Geschichte. Sie hatte davor schon so einige Funktionen: ein mittelalterliches Tor, ein Gefängnis, ein Getreidespeicher, ein Zollhaus, eine Herberge für Obdachlose, ein Archiv. Jahrhundertelang war Brüssel von einer acht Kilometer langen Festungsmauer umgeben. In den 1790er-Jahren wurde sie teilweise abgerissen und 1810 auf Befehl von Napoleon fast vollständig entfernt. Nur wenige Teile, die einzeln in der Stadt verteilt sind, blieben. Eins davon ist das Port de Hal/Hallepoort aus dem 14. Jahrhundert, das die Franzosen verschonten und als Militärgefängnis nutzten. Im 19. Jahrhundert wurde es in eine Art Schloss verwandelt mit Statuen, Fenstern und neugotischen Türmchen – das Fallgitter, der Wassergraben und die Zugbrücke wurden entfernt.

Das Museum ist heute eher etwas für Geschichts-Nerds. Hier erfährt man, wie sich die Stadt im Mittelalter gegen Überfälle von außen schützte und mit welchen Ketten und Fesseln die Gefangenen festgehalten wurden. Und man kann ein Harnisch-Teil anprobieren und sich so ein bisschen in die Zeit zurückversetzen.

TIPP Direkt um die Ecke: Konditorei Chouconut. Hier gibt's aufwendig gefüllte Windbeutel und vietnamesischen Kaffee.

Porte de Hal/Hallepoort, Boulevard du Midi/Zuidlaan 150, 1000 Brüssel, Tel. +32 2/5 34 15 18 www.visit.brussels/de/sites/brusselscard/place/Porte-de-Hal-Konigliche-Museen-fur-Kunst-und-Geschichte

ÖPNV: Metrolinien 2, 6, Tramlinien 3, 4, 51, Haltestelle Port de Hal/Hallepoort

Zauberhafte Wände

37 *Street Art*

Brüssel hat den Ruf, eine graue Stadt zu sein. Ok, das Wetter ist wirklich nicht immer das beste. Aber Brüssel ist bunt! Die ganze Stadt ist ein Open-Air-Museum für Straßenkunst mit jeglichen Formen von Street Art, wie Graffiti, Kalligrafie, Tags, Stencils, Aufklebern. Die verschaffen der Stadt auch an Regentagen ein fröhliches Aussehen, und es macht Spaß, auf einem Spaziergang immer neue bunte Wände zu entdecken. Manche Kunstwerke sind Auftragsarbeiten, andere wurden spontan und heimlich geschaffen. Sie befinden sich an Wänden, Bänken, Pfählen und auf Bürgersteigen. Brüssel hat eine große Straßenkunstszene, die Künstler kreieren immer neue Werke.

Die berühmtesten Kunstwerke sind natürlich die Comics. Daran kommt hier niemand vorbei. Brüssel ist die Comic-Stadt. Es gibt Läden, Ausstellungen und ganze Museen zu dem Thema. Aber auch wer nur durch die Straßen schlendert, sieht immer wieder bunte Comic-Szenen an den Hauswänden.

Wie das Paar Oliver und Columbine. In ihrer Welt ist nicht Geld die Währung, sondern Freudentränen, Lieder, Lachen oder Küsse. 1968 begannen der Zeichner Dany und der Schriftsteller Greg eine poetische Fantasy-Comicserie um die beiden blonden Hauptfiguren. In den 70ern hatte die Serie Oliver&Columbine ihren Höhepunkt, 2005 kam nach 18 Jahren Pause wieder ein Band heraus.

Es gibt viele Walking Touren, bei denen man die verschiedenen Street-Art-Werke entdeckt und mehr über ihre Entstehung erfährt. Veranstaltet werden sie von der Stadt oder gemeinnützigen Organisationen, die die Straßenkunst fördern. Wer sich allein auf einen Comic-Streifzug begeben möchte, kauft am besten im Touristencenter am Grand Place/Grote Markt für einen Euro den Comic-Walk-Guide, ein Heftchen mit allen wichtigen Adressen.

Oliver&Columbine, Rue du Chêne 9, 1000 Brüssel

ÖPNV: Metrolinien 2, 6, Tramlinien 3, 4, 51, Haltetstelle Porte de Hal/Hallepoort, Buslinien 33, 48, 95, Haltestelle Grand Place/Grote Markt

Exotische Schätze

38 *Teeladen Univers du Thé*

Bei Eintreten strömt einem ein angenehmer Duft in die Nase. Eine Mischung süßer und kräftiger Noten, würzig und zugleich nicht zu stark. Schließt die Tür hinter einem, taucht man ganz in diese neue, exotische Welt ein, während der Alltag im Viertel Sablon/Zavel draußen weitergeht. Das Univers du Thé befindet sich zwischen den vielen Chocolatiers und Kunstgalerien. Vor allem Liebhaber moderner und zeitgenössischer Kunst sowie Fans einzigartiger Pralinenkreationen kommen hierher. Teefreunde müssen etwas genauer hinsehen, um an dem schmalen Laden gegenüber der Kirche Notre-Dame du Sablon/Onze-Lieve-Vrouw ten Zavel nicht vorbeizulaufen.

Die Wände des Geschäfts sind von Regalen bedeckt, auf denen, ordentlich aufgereiht, die zahlreichen verschiedenen Teesorten stehen. Auf Tabletts unter kleinen Glasglocken zum Schutz der Teeauszüge liegt jeweils eine Probe des sich dahinter in hübschen Frischebeuteln befindenden losen Tees. Schön anzusehen und sehr einfallsreich. Der Laden beinhaltet eine Sammlung qualitativ hochwertiger Tee-Schätze aus der ganzen Welt. Die holzvertäfelte Decke, der Holzboden und die angenehme Musik lassen die Zeit vergessen. Nach dem Anheben der Glocken reist man an einen anderen Ort. Nach Ceylon, Japan, Südamerika, Südafrika. Schwarzer, weißer, grüner, Rooibos-Tee, Mate-Tee, halbfermentierter und geräucherter Tee – Teeliebhaber kommen hier ins Schwärmen. Dazu gibt es Teeschalen, -dosen, -kannen, -filter und -siebe sowie Süßigkeiten und sogar Kosmetika aus Tee.

TIPP Der Park von Petit Sablon/Kleine Zavel ist im Neorenaissance-Stil angelegt und mit Skulpturen aus dem 19. Jahrhundert geschmückt.

Besonders lecker ist der „Rooibos Ispahan Bio". Ein Bio-Rooibos-Tee mit Datteln, roten Früchten, Orangenblüten und Rosenblättern. Besonders außergewöhnlich der „Genmaïcha". Ein grüner Tee aus Japan mit gerösteten Reiskörnern, Popcorn und einem Hauch von Rauch. Ursprünglich war dieser Tee das Getränk der Armen, da der Reis den Anteil an Tee in der Mischung reduziert. Heute ist er in Japan ein Klassiker.

Univers du Thé, Rue Bodenbroek/Bodenbroekstraat 14, 1000 Brüssel, Tel. +32 2/5 13 20 67
www.universduthe.be

ÖPNV: Tramlinien 92, 93, Buslinie 33, Haltestelle Petit Sablon/Kleine Zavel

Univers du Thé
ruxelles

39 *Concept Store Urban Therapy*

Design ist ein ganzheitliches Erlebnis. Das zumindest vermittelt der Concept Store Urban Therapy. Hier kann man schöne Dinge nicht nur ansehen und kaufen, sondern auch erfahren und selbst machen. DIY-Workshops und andere Veranstaltungen laden dazu ein, aktiv zu werden, und sie informieren über Kunst, Design, Kreativität. Es gibt einen Opernbrunch mit Live-Konzert im ladeneigenen Café. Der Flügel hinter den rund 50 Mini-Terrarien wird auch sonst spontan von den Kunden bespielt, die aufgeschlossen und aktiv sind. So kommen auch die meisten Veranstaltungsideen, wie Terrarium anlegen oder Fleisch zerlegen, von ihnen selbst. Besonders beliebt ist die Tee-Verkostung am frühen Abend. Denn wer hat schon einmal Tee mit Yak-Fett getrunken? Oder im Cocktail mit Gin, Wacholderbeere, Ingwer und Minze – oder gar im Bier?
Das Urban Therapy ist mehr als ein Laden und Café – es ist auch eine soziale Organisation. Fairer Handel, Nachhaltigkeit und soziales Engagement sind für die beiden Brüsseler Besitzer wichtig. Kreative und soziale Ideen werden hier gefördert. Wer ein Design-Notebook kauft, unterstützt beispielsweise ein Schulprojekt. Das Besitzer-Paar liebt es zu reisen, sie haben sich in der ganzen Welt Inspiration geholt, Kontakte geknüpft und Dinge mitgebracht. Alle Produkte im Laden sind sorgfältig ausgewählt, handgemacht und innovativ. Dadurch möchten die Besitzer ihre Erfahrungen und Erlebnisse mit den Menschen in Brüssel teilen und sie aktiv und kreativ werden lassen. Denn hier werden vor allem junge Talente gefördert. Die Designstücke sind von Nachwuchskünstlern aus aller Welt, die hier eine Plattform erhalten. Jeder bekommt eine eigene Ecke und kann seine Kreationen zu einem fairen Preis anbieten. Ganz nach dem Motto des Ladens: „Support the makers“.

Urban Therapy, Rue de Flandre/Vlaamsesteenweg 84, 1000 Brüssel, Tel. +32 2/3 19 44 42
www.urbantherapy.be
ÖPNV: Metrolinien 1, 5, Haltestelle Sainte-Catherine/Sint-Katelijne

Urban Therapy
Rue de Flandre 80-84
1000 Bruxelles
www.urbantherapy.be

Gut versteckt

40 *Bar/Restaurant Vertigo*

Das „Vertigo“ findet nicht jeder. Obwohl die Adresse nicht extra geheim gehalten wird und der Ort auch nicht komplett verborgen ist, erscheint die Bar doch exklusiv. Eher selten kommen Touristen hierhin, Einheimische sind meist unter sich, und die Barkeeper wundern sich, wenn man nicht aus der Gegend stammt. „Wie hast du uns gefunden?“, ist dann direkt die Frage.

Die Erklärung: Man muss quasi in eine Hausfassade hineingehen, durch einen Bogen in eine schmale Gasse, wie durch einen Geheimgang. Kurz darauf steht man in einem gut erhaltenen, typischen Brüsseler Innenhof – und direkt vor dem Vertigo. Das befindet sich im ehemaligen L'Estrille du Vieux Bruxelles, dem denkmalgeschützten und ältesten innerstädtischen Gasthaus der Stadt aus dem 16. Jahrhundert. Früher befand sich in dem Hinterhof ein unterirdischer Gang, der unter die Stadtmauer führte, und von wo aus Schmuggler ihre Waren heimlich in die Stadt brachten.

Heute sitzen die Gäste in langen Sommernächten hier, gemütlich abseits des Straßenlärms unter antiken Laternen, im Winter wärmt drinnen ein offener Kamin. Dazu dicke Holzbalken, rote Ziegelsteine, dunkle Möbel, Kerzenschein. Hach! Auf den ersten Blick wirkt das Gebäude relativ klein, entpuppt sich dann aber als viel größer. Auf verschiedenen Ebenen wird hier gegessen, getrunken und gefeiert. Die Barkeeper verstehen ihr Handwerk und beraten jeden Gast nach seinen individuellen Wünschen und kreieren auch gern einen Spezial-Cocktail, der nicht auf der Karte steht, nach den Vorstellungen des Gastes. Dabei sind der Fantasie keine Grenzen gesetzt, die Barkeeper spornen noch zu verrückten Kreationen an, am liebsten so experimentierfreudig wie möglich. Die Cocktail-Karte ist groß, besonders viele Getränke basieren auf Gin. Für Hungrige gibt es dazu kleine, feine Gerichte und Snacks.

Na, wer findet diesen besonderen Ort?

Vertigo, Rue de Rollebeek/Rollebeekstraat 7, 1000 Brüssel, Tel. +32 2/5 11 95 17
www.facebook.com/Vertigoboireetmanger

ÖPNV: Buslinien 27, Haltestelle Chapelle, 30, 33, 48, 95, Haltestelle Grand Sablon/Grote Zavel

MONKEY SHOULDER
FAMOUS GROUSE
CAOL ILA
OBAN
14
CRAGGANMORE
MACALLAN
12
KNOB CREEK
KRAKEN
DON PAPA
Banks
5
Banks
7
DIPLOMATICO
CYNAR
CHARTREUSE
MANDARINE NAPOLÉON
ITALICUS
BUTON
MARASCHINO
ST-GERMAIN
MARTINI
BITTER
MARTINI
RISERVA SPECIALE
AMBRATO
MARTINI
RISERVA SPECIALE
RUBINO

Keine Chance für Mainstream

41 *Kino Cinema Nova*

Neben den noblen Galeries Royales Saint-Hubert/Koninklijke Sint-Hubertusgalerijen mit den Kronleuchtern, teuren Geschäften und reichen Kunden befindet sich das alternative Kino Cinema Nova, das so gar nicht in diese Gegend der Stadt passt und gleichzeitig zeigt, wie vielfältig Brüssel ist und wie viele unterschiedliche Welten hier nebeneinander existieren.

Im Cinema Nova gibt's keinen Mainstream, sondern unabhängig produzierte Filme. Kurzfilme, Dokumentationen, Experimentalfilme, Underground-Filme. Gemein haben alle, dass in Belgien kein Vertriebshändler die Filme vermittelt, da sie in kommerzieller Hinsicht als zu „schwierig" gelten. Das Team des Cinema Nova sucht die Filme sorgfältig aus, das regelmäßig neu zusammengestellte Programm ist immer an ein Thema oder Ereignis angelehnt. Passend dazu gibt es in dem alten Foyer des Cinema Nova weitere Veranstaltungen, wie Konzerte, Diskussionsrunden, Ausstellungen, Workshops, Theaterperformances, Partys. Das Gebäude wirkt renovierungsbedürftig, andere sagen, es sei charmant. Zu Beginn des 20. Jahrhunderts war der Saal, der wie eine große Halle wirkt, ein gemütlicher Raum mit 390 Plätzen. Er wurde öfter umgebaut und hat heute Platz für 200 Sitze, einen Balkon, einen Orchestergraben und eine große Leinwand. Unter dem Kinosaal befindet sich das Foyer. Das Cinema Nova ist nicht nur ein Kino, sondern vor allem ein gemeinnütziger Verein, der seit 1997 ehrenamtlich betrieben wird und alternative, unkonventionelle Filme zeigt, verleiht und produziert. Selbst nennen sie ihr Gebäude ein „lebendes Filmhaus". Hier treffen sich Künstler, Filmfans, Anders-Denkende. Sie tauschen sich aus, werden zusammen kreativ und lassen sich inspirieren. Eine tolle Chance, seinen Horizont zu erweitern. Es ist eine Seite von Brüssel, die selten in Erscheinung tritt und mit der Touristen kaum in Berührung kommen.

Cinema Nova, Rue d'Arenberg/Arenbergstraat 3, 1000 Brüssel, Tel. +32 2/5 11 24 77
www.nova-cinema.org/nova
ÖPNV: Metrolinien 1, 5, Haltestelle Bruxelles-Central/Brussel-Centraal

ESPACE SOLIDAIRE
CINEMA
NOVA

Lecker belgisch

42 *Restaurant Les Brassins*

Brüssel nennt sich selbst gern die Hauptstadt der Gastronomie. Nicht nur Belgiens, sondern der Welt. Klar ist: Hier kann man unglaublich gut speisen. Es gibt ein riesiges Angebot an Restaurants, Bistros, Cafés und Bars mit sehr guter Qualität und für jeden Geschmack. Wer wirklich typisch belgisch essen möchte, sollte im Les Brassins einkehren. Das gemütliche Restaurant liegt zwischen Wohnhäusern in der Rue Keyenveld/Keienveldstraat, wo der Filmstar Audrey Hepburn am 4. Mai 1929 geboren wurde. Ein goldenes Schild an ihrem Geburtshaus zu Beginn der Straße weist darauf hin. Das Restaurant liegt ein paar Häuser weiter hinten in der Straße, bei warmem Wetter zeigen Tische, Stühle und Schirme vor den großen Fenstern schon von Weitem, wo es sich genau befindet.

Im Les Brassins fühlt sich auch der Tourist nicht mehr fremd in der Hauptstadt. Die familiäre Atmosphäre und die angeregten Gespräche und leckeren Gerüche lassen einen entspannen und ankommen. Die Gerichte sind typisch belgisch, Fleisch- und Fischgerichte werden mit Pommes Frites, Kartoffelpüree oder Stoemp serviert. Stoemp ist ein mit verschiedenen Gemüsesorten vermischter Kartoffelbrei, den es auch als Hauptgericht gibt, als „Stoemp of the day". Früher soll man so Kinder dazu gebracht haben, Gemüse zu essen. Abgesehen vom Stoemp ist die Carbonades flamandes, flämische Karbonade, empfehlenswert, ein Schmorfleisch-Eintopf, gekocht mit Gemüse und kräftigem Bier. Da Belgien ohne Bier sowieso undenkbar ist, gibt es im Les Brassins eine große Auswahl belgischer Sorten, darunter auch welche vom Brussels Beer Project. Montags bis freitags gibt es ein Tagesgericht für 12 Euro und ein Lunch-Menü mit Vor- und Hauptspeise für 15 Euro.

Les Brassins, Rue Keyenveld/Keienveldstraat 36, 1050 Brüssel, Tel. +32 2/5 12 69 99
www.lesbrassins.be/en

ÖPNV: Metrolinien 2, 6, Tramlinien 8, 92, 93, 97, Haltestelle Louise/Louiza

BRASSERIE DE LA SENNE
BRUSSELS
blanc
SCHMIDT BLANC
EXTRA STOUT
C.T.S.
Moinette

Straße im Museum

43 *Millenium Iconoclast Museum of Art*

Ja, es klingt widersprüchlich: das Millenium Iconoclast Museum of Art, MIMA, ist ein Museum für Straßenkunst. Straße im Museum, kann das überhaupt funktionieren? Ist Straßenkunst nicht spontan, flexibel, revolutionär? Kann sie in vier Wänden eingesperrt ihren Charakter zeigen? Sie kann. Das Museum bringt zeitgenössische Kunst aus der ganzen Welt nach Brüssel, und das Praktische daran ist, dass die Besucher eben nicht um die Welt reisen und durch die Straßen der Städte streifen müssen, um diese Kunst sehen zu können.

Vier Brüsseler Kunstliebhaber gründeten 2016 das in Europa einzigartige Projekt. Die Idee kam in Los Angeles, als sie dort ein Street-Art-Museum suchten, das es nicht gab. Mit ihrem MIMA wollen sie nun in Brüssel Barrieren abbauen, ein breites Publikum ansprechen, die Gegenwart reflektieren und in die Zukunft schauen. Sie nehmen ihre Besucher mit auf eine Reise durch die neue Kunstgeschichte, Kunstgeschichte 2.0, wie sie es nennen. Und da gibt es einiges zu sehen. Einen knallbunten und lauten Kulturmix mit Elementen aus Musik, Grafik, Sport und Straße. Ausstellungen zu Themen wie modernen Comics, City-Lights, kreativem Vandalismus und der Protestkultur vor Social Media „Changing the world with posters“. Bei Letzterem waren auf den drei Etagen der ehemaligen Brauerei Belle-Vue am Charleroi-Kanal im Viertel Molenbeek mehr als 400 Protest-Poster aus aller Welt aufgehängt: gegen Krieg, Rassismus, Waffen, für Frauenrechte und Frieden. Eine Hymne auf den zivilen Ungehorsam, eine Zeitreise mit packenden Slogans, die Erinnerung an historische Ereignisse und der Vergleich mit der Twitter-Kultur von heute.

Nicht verpassen: Von der oberen Etage des Backsteingebäudes hat man einen tollen Blick auf den Kanal und die Stadt.

Millenium Iconoclast Museum of Art, Quai du Hainaut/Henegouwenkaai 39–41, 1080 Brüssel, Tel. +32 2/4 72 61 03 51, www.mimamuseum.eu

ÖPNV: Metrolinien 1, 5, Haltestelle Comte de Flandre/Graaf van Vlaanderen, Tramlinie 51, Haltestelle Porte de Ninove/Ninoofsepoort

WANTED
MOVE ON OVER OR WE'LL MOVE ON OVER YOU
BLACK POWER
FREE THE SOLEDAD BROTHERS
THE PANTHERS
WANTED
F.B.I.
FAITH BEAUTY INTEGRITY
REWARD
LOVE PEACE HAPPINESS
NOUS DEVONS SAUVER BOBBY SEALE
SISTERHOOD IS POWERFUL
CONDAMNEE À REPRODUCTION
L'AVORTEMENT LIBRE GRATUIT
You've come a long way baby
WOMEN'S LIBERATION
LE PAPE NOUS LA REFUSE... DE GAULLE NOUS LA DORE...
choisir
THE WOMEN'S LIBERATION MOVEMENT
SISTERHOOD IS POWERFUL
POWER TO THE PENIS
INTERNATIONAL WOMEN'S SOLIDARITY
We've had Rhythm!
Jesus was an only child.
SISTERHOOD IS BLOOMING
BREAK THE DULL STEAK HABIT
Women's liberation
«on ne mendie pas un juste droit, on se bat pour lui»
MLAC
But can she type?

Waffelburger

44 *BEAT Restaurant*

Wer auf eine ausgefallene Speisekarte steht, ist im BEAT genau richtig. Hier wird die traditionelle belgische Küche mit Elementen verschiedener kulinarischer Traditionen kombiniert. Die Basis der Gerichte bieten belgische Dauerbrenner wie Spekulatius, Pommes, Waffeln, Schokolade, belgischer Käse und Garnelenkroketten. Originelle Rezepte und frische Zutaten sorgen dafür, dass es garantiert nicht langweilig wird auf dem Teller.

Der Bestseller ist der BEAT Burger mit einer süßen (!) Lütticher Waffel, Hähnchenfleisch, Käse und Salat. Dazu natürlich belgische Pommes mit Soßen nach Wahl. Die Kombination aus der süßen Waffel und den anderen herzhaften Zutaten ist unglaublich lecker. Bei der vegetarischen Variante sind Gemüse und Süßkartoffeln in der Waffel. Ein anderes vegetarisches Geschmackserlebnis sind das Spekulatius-Risotto mit karamellisiertem Chicorée und braunen Champignons oder das „Mac'n'Belgian Cheese": eine Käsekrokette, knuspriger Pfannkuchen und ein Käse-Macaron. Dazu, na klar, belgisches Bier.

Die Atmosphäre in dem wunderschönen Altbau auf der Ecke ist entspannt und locker, die Einrichtung mit den dunklen Tischen, Stühlen, Theke, der schwarzen Decke und dem weißen Boden sehr modern. Palmen dienen als Raumtrenner und sorgen gleichzeitig für lebendig-grüne Farbtupfer, die Beleuchtung ist gemütlich indirekt. Am Wochenende legt abends ein DJ auf, von vormittags bis nachmittags gibt's All-You-Can-Eat-Brunch. Im Sommer kann man vor dem Restaurant draußen sitzen, aber Achtung: Hier ist viel Verkehr auf den Straßen. Im ersten Stock kann man mit einem Bier oder Cocktail in der Hand die Aussicht vom Balkon genießen.

Eine schöne Idee von BEAT ist außerdem, das Land kulinarisch vorzustellen, das gerade die Ratspräsidentschaft der EU innehat. Die wechselt bekanntlich alle sechs Monate, und so lange gibt es ausgewählte Spezialitäten aus dem jeweiligen Land.

BEAT, Rue de l'Enseignement/Onderrichtstraat 1,1000 Brüssel, Tel. +32 2/4 78 94 00
www.beatrestaurants.com

ÖPNV: Metrolinien 1, 5, Tramlinien 92, 93, Haltestelle Parc/Park

HUMBER LTD., COVENTRY
VEDETT
EXTRA

Buchgalerie

45 *Buchladen Tropismes*

Oh, dieses Licht! Es funkelt hellweiß und goldgelb und spiegelt sich, wieder und wieder ... In Brüssel gibt es viele Orte für Literaturliebhaber. Die Stadt beheimatet schöne Bibliotheken und Buchläden mit einem großen Angebot. Das Tropismes ist ein ganz besonderer Schatz, es ist die schönste Buchhandlung der Stadt. Hier fühlt man sich nicht wie in einem Buchladen, sondern eher wie in einem Museum oder einem edlen Herrenhaus. Hohe Decken mit Stuck, überdimensional große Spiegel, Säulen mit dekorativen Goldverzierungen, die Lianen und Schwäne zeigen, und natürlich Bücherregale. Die quellen über von französischsprachiger Literatur, vor allem in den Bereichen Geisteswissenschaften, bildende Kunst sowie Kinder- und Jugendliteratur. Im Keller ist die Atmosphäre anders, moderner, bunter. Hier befinden sich Reise-, Gastronomie- und Naturbücher.

Seit 1984 befindet sich in dem Gebäude der Tropismes-Buchladen. Die Spiegel sind noch aus der Zeit, als hier ein Ballsaal für junge Mädchen war. In den 1960er-Jahren war an dieser Stelle das Jazzlokal „Blue Note", wo Jaques Brel auf der kleinen Bühne, die nun mit Bücherregalen bedeckt ist, auftrat. Im 19. Jahrhundert befand sich in dem Gebäude das noble Café du Prince.

Die edle Atmosphäre des Ladens passt genau an seinen Ort: die Galeries Royales Saint-Hubert/Koninklijke Sint-Hubertusgalerijen, die 1847 erbaut wurden. Das Tropismes befindet sich in der kleinsten der drei Galerien, in der Galerie des Princes/Prinsengalerij, sozusagen eine Nebenstraße der größten und bekanntesten Galerie, der Galerie du Roi/Koningsgalerij. Hinter dem Laden befindet sich ein kleiner Garten mit Springbrunnen, in dem es sich wunderbar lesen lässt. Auch wer kein Französisch spricht, sollte unbedingt einen Abstecher in diesen Buchladen machen und sich von der einzigartigen Atmosphäre und dem raffiniert reflektierenden Licht verzaubern lassen.

Tropismes, Galerie des Princes/Prinsengalerij 11, 1000 Brüssel, Tel. +32 2/5 12 88 52
www.tropismes.com
ÖPNV: Buslinien 29, 66, 71, Haltestelle Arenberg

SOUS LES ÉTOILES
Dans les bois

Es war einmal ein Markt

46 *Ehemalige Markthalle Saint-Géry*

Hier ist was los! Der Platz Saint-Géry/Sint-Goriks ist einer der belebtesten der Stadt, liegt er doch mitten im beliebten Shopping-, Café- und Ausgehviertel Saint-Géry/Sint-Goriks, angrenzend zum genauso beliebten Viertel Saint-Catherine/Sint-Katelijne. Besonders viel los ist zu jeder Tages- und Nachtzeit um die ehemalige Backstein-Markthalle. Vor allem im Frühling und Sommer sitzen die Leute davor mit ihren Kaffees, Smoothies und Cocktails. In der Halle befinden sich eine Bar und ein Ausstellungsraum. In der Woche bekommen hier die Schulkinder der umliegenden Schulen ihr Mittagessen, gegen Abend und am Wochenende füllt sich das große Gebäude mit Kunstliebhabern und Feierwütigen. Im Gewölbekeller finden regelmäßig ausgelassene Partys statt, darüber chillen Bargäste in Ledersesseln zu entspannterer DJ-Musik. Die Halle ist aber auch regelmäßig Schauplatz von Konzerten und Ausstellungen, und am ersten Sonntag im Monat ist hier Vintage-Markt.

1881 wurde die Markthalle aus Backstein und Schmiedeeisen gebaut, wie die Ziffern ganz oben unterm Dach über dem Haupteingang zeigen. In der Mitte des Neorenaissance-Gebäudes befindet sich ein pyramidenförmiger Brunnen, der den „Kilometer Null" markiert, den Punkt, von dem aus alle Entfernungen in Belgien gemessen wurden. In den 1980er-Jahren verfiel der Markt, bis er zu dem beeindruckenden heutigen Gebäude restauriert wurde. Der Brunnen mit dem Obelisken markiert auch die Stelle, an der im 16. Jahrhundert die Kirche Saint-Géry/Sint-Goriks stand. Damals war das Viertel noch eine Insel, umgeben von der Senne. 1799 wurde die Kirche durch das antireligiöse französische Regime abgerissen, und um 1870 wurde die Senne bedeckt. Jetzt ist das Viertel keine Insel mehr und die Halle eine angesagte Location für hippe Brüsseler.

TIPP

Gegenüber beim Ô Lion d'Or kann man im Innenhof einen Blick auf die Senne erhaschen.

Halles Saint Géry/Sint-Gorikshallen, Place Saint-Géry/Sint-Goriksplein 1, 1000 Brüssel, Tel. +32 2/5 02 44 24, www.sintgorikshallen.be

ÖPNV: Tramlinien 3, 4, 32, Haltestelle Bourse/Beurs

CAFE DES
HALLES

Eine kleine Weltreise

47 *Das Viertel Saint-Gilles/Sint-Gillis*

In Saint-Gilles/Sint-Gillis spazieren zu gehen ist wie eine Weltreise zu machen. An jeder Ecke ist eine andere Sprache zu hören, Schilder verweisen auf griechische Spezialitäten, portugiesische Restaurants, brasilianische Supermärkte und französische Bäckereien. Und sogar die Straßenschilder lassen einen reisen: Moskaustraße, Dänemarkstraße, Afrikastraße. Ja, Saint-Gilles/Sint-Gillis ist multikulturell, und das kann man nicht nur sehen, hören und schmecken, sondern auch erleben. Die vielen Plätze, Märkte und Cafés laden zum Austausch ein und werden auch rege besucht – natürlich auch von Brüsselern aus anderen Stadtteilen –, allen voran das Herz des Viertels, der Platz Parvis de Saint-Gilles/Sint-Gillies Voorplein.

In Saint-Gilles/Sint-Gillis leben nicht nur verschiedene Sprachen und Kulturen, sondern auch Arbeiter, Künstler, Snobs und Weltenbürger. Sie vermischen sich zwar auch, leben aber in unterschiedlichen Bereichen. Oben die Wohlhabenden, die immer mehr werden, denn das Viertel ist beliebt und wurde von der Gentrifizierung eingeholt. Unten die Armen, viele davon arbeitslos, und einige mussten schon wegziehen, da die Mietpreise rasant steigen. Bürgerinitiativen versuchen mit kreativen Ideen den Austausch beider Welten zu fördern, zum Beispiel beim gemeinsamen Gärtnern. Passend, denn früher war Saint-Gilles/Sint-Gillis das Dorf der Gemüsegärtner – und es hat noch heute eine dörfliche Atmosphäre, durch das Kopfsteinpflaster und die entspannten Bewohner. Besonders toll anzuschauen bei einem Spaziergang sind die vielen Jugendstilhäuser des Viertels. Unbedingt einkehren sollte man in der angenehm bodenständigen Brasserie Verschueren, direkt neben der Kirche des Viertels, und im Café Maison du Peuple, nur ein paar Meter weiter. Beide Lokale haben für Brüsseler Verhältnisse günstige Preise. Hier versammeln sich die unterschiedlichsten Menschen, und man bekommt einen guten Eindruck von dem Leben im Viertel.

TIPP

Der Park Pierre Paulus an der Rue de Parme/Parmastraat ist einer der wenigen grünen Orte des Viertels.

Saint-Gilles/Sint-Gillis, im Süden von Brüssel

ÖPNV: Tramlinien 3, 4, 51, Haltestelle Parvis Saint-Gilles/Sint-Gillis Voorplein

Coiffure

Poesie auf Knopfdruck

48 *Poetry-Jukebox*

Eine ruhige Männerstimme trägt ein Gedicht vor. Auf Tschechisch. Kurze Pause. Eine Frauenstimme spricht auf Französisch, die Reime klingen weicher, lieblicher. Zwanzig Gedichte hat die unscheinbare graue Röhre gespeichert, auf Knopfdruck ertönen sie nacheinander – erst in Originalsprache, dann in der Übersetzung. Es sind europäische Gedichte, und ihre Dichter tragen sie höchstpersönlich vor. Eine tschechische Erfindung, die mittlerweile an 50 Orten auf der ganzen Welt zu erleben ist. Das ist eine originelle Idee, um Poesie in den öffentlichen Raum zu bringen, sie für alle zugänglich zu machen, ohne Eintrittspreise und andere Barrieren. Deswegen steht die Poetry-Jukebox auch an diesem Ort: unmittelbar vor dem Kulturzentrum Bruegel im Viertel Marolles/Marollen. Ziel ist es, das Zusammenleben der verschiedenen Kulturen im Viertel zu verbessern und so vielen Menschen wie möglich Zugang zu Kultur zu ermöglichen. Mittendrin und nur ein paar Meter vom beliebten Flohmarkt auf dem Place du Jeu de Balle/Vossenplein.

Während man den wunderbaren Gedichten lauscht, fällt der Blick auf die hübsche Rue des Renards/Vossenstraat, an der das Kulturzentrum liegt. Sie ist einfach nur entzückend und lässt vor allem Instagram-Herzen höher schlagen. Bunte Wimpelgirlanden, die sich im Wind wiegen, fröhliche Farbtupfer auf dem sonst grauen Kopfsteinpflaster und alte Häuser, die in verschiedenen Farben gestrichen sind. Hier herrscht eine gemütliche kleinstädtische Atmosphäre. Vor dem „P'titi Café" stehen die gelben Tische und blauen Stühle in der Sonne, und auch vor dem Restaurant „Le Renard Bleu" sitzen die Gäste an der frischen Luft. Auf der gegenüberliegenden Seite bummeln Frauen mit glänzenden Augen von einem Lädchen zum anderen. Hier gibt es alles: Das „Ticky Tacky" verkauft Postkarten, Poster und Bildbände, vor allem aus vergangenen Jahrzehnten, im „Foxhole" bekommt man modische und ausgefallene Vintage-Kleidung, und das „Atchoum" ist ein Fachgeschäft für Perlen aller Art.

Poetry-Jukebox, Rue des Renards/Vossenstraat, 1000 Brüssel
ÖPNV: Buslinien 27, 30, Haltestelle Place du Jeu de Balle/Vossenplein

BRUECEL
MAROLLES

Eine Runde pluxen

49 *Place du Luxembourg/Luxemburgplein*

Nach einem langen Arbeitstag geht es noch längst nicht für alle Brüsseler oder Expats nach Hause. Dann heißt es: Afterwork-Party. Und wo geht das besser als direkt nebenan? Der Place du Luxembourg/Luxemburgplein oder umgangssprachlich „Plux" liegt mitten im Europaviertel und ist hier der beliebteste Afterwork-Treffpunkt. Hierhin kommen Politiker, Lobbyisten und vor allem Praktikanten. Die meisten tragen Anzüge, Hemden, Krawatten, Hosenanzüge, Blusen und knielange Röcke – Businesslook. Donnerstags abends ist am meisten los, ab 18 Uhr, direkt nach Feierabend, sind die Bars gut gefüllt. Um den Platz herum reihen sich die Bars aneinander, alle hochpreisig, alle voll. Das Beste ist, sich gemütlich mit einem Getränk auf den Rasen in den Kreisverkehr zu setzen und das geschäftige Treiben zu beobachten. Im Sommer muss die Polizei wegen der Menschenmassen sogar den Kreisverkehr absperren. Am Wochenende braucht man hingegen nicht zum Plux zu kommen – da haben die meisten Kneipen geschlossen, denn die EU-Mitarbeiter sind auch im Wochenende, und das verbringen die meisten in ihrer Heimat und nicht in Brüssel.

Am Plux sprechen die meisten Englisch, und auch die Mitarbeiter der Bars haben sich auf internationales Publikum eingestellt. Geredet wird übrigens sehr viel. Denn am Plux wird nicht nur getrunken und gefeiert, sondern auch verhandelt und debattiert, geflirtet und genetzwerkt. Oft wechseln Visitenkarten den Besitzer, Hände werden geschüttelt. Es ist ein wichtiger Ort für Lobbyisten und für alle, die ihr EU-Netzwerk erweitern wollen. Oder einfach für einen Abend in die Welt der EU-Mitarbeiter eintauchen und sich in ungezwungener Atmosphäre mit Politikern und Assistenten austauschen wollen. Es gibt keinen besseren Ort dafür. Dieses Verhalten wird umgangssprachlich in einem eigenen Verb zusammengefasst: pluxen.

Place du Luxembourg/Luxemburgplein, 1000 Brüssel
ÖPNV: Metrolinien 2, 6, Haltestelle Trône/Troon

71 9045

Kolonialgeschichte

50 *Königliches Museum für Zentralafrika*

Sie sind noch immer da, die alten Totenmasken, Skulpturen aus edlem Holz und zahlreiche andere kostbare antike Gegenstände aus Zentralafrika. Aber jetzt erklären Kongolesen in Videofilmen die Rituale, für die sie bestimmt sind, wie Hochzeitszeremonien, die im Film gezeigt werden und bei denen die Masken zum Einsatz kommen. Die Gegenstände werden in einen Kontext gesetzt, die Menschen aus den afrikanischen Ländern kommen zu Wort. Und: Das Museum wurde erweitert. Neben rituellen Objekten verschiedener Volksgruppen stehen nun zeitgenössische Malereien und moderne Fotografien.

Ende des 19. Jahrhunderts entstand das Museum aus einer Kolonialausstellung von König Leopold II. und wurde in ein prunkvolles Gebäude im Brüsseler Vorort Tervuren untergebracht. Lange waren in Belgien die schlimmen Taten tabu, die Ende des 19. Jahrhunderts an der afrikanischen Bevölkerung verübt wurden. Allein im Kongo starben schätzungsweis die Hälfte der damals 20 Millionen Einwohner des Landes. Eine völlige Umgestaltung des Museums – äußerlich und thematisch – soll die verdrängte Geschichte aufarbeiten. Nach fünf Jahren Umbauzeit ist das Afrikamuseum seit Dezember 2018 wieder geöffnet. Nun wird hier endlich die belgische Kolonialgeschichte thematisiert, wenn auch nur in einem Raum. Die Perspektive der Ausstellung hat sich aber geändert, genauso wie die Sprache. Es wird nicht mehr von Stamm oder Hütte gesprochen, sondern von Volk oder Haus, und es wird deutlich gemacht, dass einige Exponate keine freiwilligen Schenkungen waren. Zustimmung kommt nicht von allen Seiten, und es wird heiß diskutiert. Dennoch ist das weltweit größte Museum zu Zentralafrika den langen Weg bis nach Tervuren wert. Zum Umgang mit Objekten, die während der Kolonialzeit geraubt wurden, kann sich dann jeder seine eigene Meinung bilden.

TIPP **Der weitläufige Park rund um das Museum ist ideal für ein Picknick.**

Musée royal de l'Afrique centrale/Koninklijk Museum voor Midden-Afrika, Leuvensesteenweg 13, 3080 Tervuren, Tel. +32 2/7 69 52 11, www.africamuseum.be/de

ÖPNV: Tramlinie 44, Haltestelle Tervuren

Grüne Oase

51 *Botanischer Garten*

„Brüssel hat zwei Weltwunder: den Großen Markt mit seinen herrlichen Waffeln und das Panorama des Botanischen Gartens", äußerte wohl einst Victor Hugo. Ob er das wirklich sagte, sei dahingestellt. Was stimmt: der Botanique/Kruidtuin ist wunderschön. Sein Hauptgebäude ist die Orangerie mit der zentralen Rotunde im neoklassizistischen Stil mit Eisen- und Glasarchitektur. Es wurde zwischen 1826 und1829 von Pierre-François Gineste erbaut und dient seit 1984 als Kulturzentrum der Französischen Gemeinschaft Belgiens. Das Le Botanique ist einer der bekanntesten Konzertsäle des Landes. Höhepunkt bilden im Frühling die „Les Nuits Botaniques", die Botanischen Nächte.

1829 wurde auch der zugehörige Botanische Garten eröffnet, der sechs Hektar groß war und in der Gemeinde Saint-Josse-ten-Noode/Sint-Joost-ten-Node, die sich damals außerhalb der Stadt befand, angelegt wurde. Ein Teil des Terrains wurde aber für den Bau der Station Brüssel-Nord benötigt. Im Laufe der Jahre wurde der Garten zugunsten von Bahnstrecken und Straßen nach und nach verkleinert. Für die Weltausstellung 1958 wurde der Garten in einer Kombination aus der Originalstruktur und zeitgemäßer Architektur neu angelegt. Seit 1964 steht er unter Denkmalschutz. In den Kellern von Le Botanique wurde der Legende nach um 1850 von dem damaligen Chefgärtner zum ersten Mal Chicorée gezogen.

TIPP Außerhalb der Stadt in Meise liegt ein Botanischer Garten mit 92 Hektar, über 18.000 Pflanzen, Glaspalast und Wasserschloss.

Vor allem am Wochenende und abends genießen die Brüsseler den Blick auf die Hecken, Bäume und Blumen von den Treppen der Orangerie. Die Sicht von oben ist genauso schön wie ein Spaziergang inmitten des Grüns. Es ist eine richtige Oase zwischen den gläsernen Hochhäusern der Stadt. Wenn ein plötzlicher Regenschauer naht – was in Brüssel sehr häufig passiert –, kann man schnell ins italienische Restaurant Café Bota flüchten, von dessen Terrasse man bei Sonnenschein auch einen herrlichen Blick über den Garten hat. Wenn die in die Nacht gehüllten Straßen und Häuser beleuchtet sind, herrscht hier noch einmal eine ganz andere Stimmung.

Jardin Botanique/Kruidtuin, Rue Royale/Koningstraat 236, 1210 Brüssel
www.botanique.be/en
ÖPNV: Metrolinien 2, 6, Tramlinien 92, 93, Haltestelle Botanique/Kruidtuin

moustique
moustique

Die neunte Kunst

52 *Belgisches Comic-Museum*

Sie sind witzig, raffiniert, kritisch. Seit über 100 Jahren unterhalten uns Comics, regen zum Nachdenken und Lachen an. Nicht nur in den berühmten Heften, auch in Kinofilmen, Games und als Plastikfiguren. In Brüssel sind Comics überall. Seit 30 Jahren bietet das Belgische Comic-Museum einen umfassenden Überblick über beliebte nationale Comics wie Die Schlümpfe, Suske und Wiske, Tim und Struppi. Aber was macht eine gezeichnete Geschichte zu einem Comic? Und wie sind Comics überhaupt entstanden? Das und andere Fragen rund um die so genannte neunte Kunst klärt das Museum in der ständigen Ausstellung und zeigt die vielen verschiedenen Darstellungsformen.

Ein Raum befindet sich hinter einer Nachahmung der Fassade des Schlosses Mühlenhof, Kapitän Haddocks Schloss aus Tim und Struppi, und ist ganz dem Leben und Werk des Künstlers Hergé, dem Erfinder dieses Comics, gewidmet. In der ersten Etage ist Schlumpfen-Zeit. Hunderte Schlumpfporträts sind hier auf einer 20 Quadratmeter großen Tafel abgebildet. Klar, dieser Raum gilt ihrem Erfinder Peyo, und hier gibt es viel zu entdecken: wenig bekannte Dokumente und Informationen über die blau-weißen Figuren, 3-D-Reproduktionen und ein echtes Schlumpfhaus zum Hineinkriechen.

TIPP Noch mehr Comics: 650 Comic-Figuren zeigt das Museum of Original Figures, MOOF.

Das bunte, unterhaltsame und kurzweilige Museum ist auch architektonisch ein Hingucker. Es befindet sich in dem ehemaligen Kaufhaus Waucquez, entworfen 1906 von Victor Horta – ein Meisterwerk des Jugendstils. So kommt es, dass die weiß-rote Rakete aus Tim und Struppi unter einem kunstvollen Glasdach am Aufgang einer Treppe mit verschnörkeltem Geländer steht und Schlumpfporträts eine elegante Galerie unter einer Glaskuppel zieren. Eine Verbindung, die Comic-Street-Art und Jugendstil-Gebäude auch im Stadtbild eingehen. Natürlich ist Victor Horta und der Geschichte des Gebäudes auch ein Raum gewidmet. Dieser zeigt auch Illustrationen von Comic-Autoren, die sich von dem Gebäude inspirieren ließen.

Musée de la Bande Dessinée/Stripmuseum, Rue de Sables/Zandstraat 20, 1000 Brüssel, Tel. +32 2/2 19 19 80, www.cbbd.be/de

ÖPNV: Tramlinien 92, 93, Haltestelle Congres

Maison Dupuis Marcinelle 1938

Cali-Mex aus der Region

53 *Restaurant Chez Wawa*

Pink. Das ist das Erste was beim Betreten des Restaurants ins Auge sticht. Eine pinkfarbene Wand und strohhalmähnliche pinkfarbene Stäbchen, die sich von der Decke strecken. Irgendwie futuristisch. Hinzu kommen Akzente in Türkis, wie das Symbol eines Hundekopfs, denn der Name Chez Wawa ist eine Anspielung auf den mexikanischen Chihuahua. Designt wurde das Lokal ganz passend von einem mexikanisch-US-amerikanischen Architekturbüro mit Dependance in Brüssel. Passend, denn es gibt mexikanisch-kalifornisches Essen. Und das wird vor den Augen der Gäste ganz nach ihren Wünschen frisch zubereitet. Die haben die Qual der Wahl: 1. Basis: Burrito, Bowl, Taco, Salat. 2. Protein: Geflügel, Schwein, Rind, Tofu, Grillgemüse. 3. Reis, Bohnen oder beides. 4. Soße: Wie scharf darf es sein? 5. Wunschzutaten? Wem das zu viele Entscheidungen sind, der kann sich beruhigt das Monatsmenü bestellen oder sich beraten lassen. Zu jedem Essen gehört unbedingt ein homemade Agua Fresca, selbst gemachter Eistee in verschiedenen Geschmacksrichtungen wie Hibiskus oder Kiwi. Sehr lecker, fruchtig und nicht zu süß. Oder ein mexikanisches Bier.

TIPP

Zum Nachtisch nach nebenan in die Pâtisserie Nicolas Arnaud gehen.

Im Sommer kann man sich nach erfolgreicher Bestellung in den Garten setzen und dort die riesigen Burritos genießen. Im Winter sitzt man in dem Diner, wo eine große Tafel hängt, auf der aufgelistet ist, welche Produkte an dem jeweiligen Tag woher gekommen sind. Das Chez Wawa ist nämlich eine Art Fast-Food-Restaurant im Stil von „Farm to Counter“, also vom Bauernhof bis zur Theke. Dem Kalifornier Palmer Colamarino ist es wichtig, dass der Großteil seines Fleisches und Gemüses einen so geringen Transportweg wie möglich hat. In maximal 300 Kilometer Radius um Brüssel kauft er ein. Bei importierten Waren wie Avocados, Tomatillos oder Gewürzen wird notiert, über welches Land sie eingeführt werden, das sind dann niederländische, französische, belgische oder deutsche Unternehmen. Sonntags gibt's Cali-Mex-Brunch mit Frühstücksburritos. Lecker!

Chez Wawa, Rue Américaine/Amerikaanse Straat 91, 1050 Brüssel, Tel. +32 2/5 34 63 30
www.chezwawa.com
ÖPNV: Tramlinie 81, Haltestelle Trinité/Drievuldigheid

CHEZ WaWa
FRESH MEXICAN - CALIFORNIA STYLE

Stille genießen

54 *Zisterzienserinnenabtei La Cambre/Ter Kameren*

Ixelles/Elsene ist eine der beliebtesten Gemeinden Brüssels. Sie ist quirlig, multikulturell und spannend. Hier gibt es Luxusviertel und ärmere Wohngegenden, viele Kinos und Theater, einen Stadtwald und die nahe gelegenen EU-Institutionen. Kontrastreicher könnte es nicht sein. In diesem lebendigen Schmelztiegel, durch den sich quer die Prachtstraße Avenue Louise/Louizalaan zieht, gibt es einen Ort der Stille. Die ehemalige Zisterzienserinnenabtei La Cambre/Ter Kameren mit ihren makellosen Gärten wirkt beruhigend, entschleunigend. Obwohl sie inmitten des Trubels liegt, ist dieser Ort relativ unbekannt und daher so angenehm entspannend.

1201 wurde die Abtei gegründet, damals lag sie noch außerhalb des Stadtgebiets. Der Kreuzgang mit der Kirche, das Refektorium und der Flügel des Kapitelhauses sind charakteristisch in der Klosterarchitektur des Mittelalters gehalten. Der Bereich der Nonnen stammt aus dem 18. Jahrhundert. Da wurde nämlich einiges im französischen Stil umgebaut, wie die monumentalen Treppenhäuser, der Innenhof mit Tor und die hübsch angelegten Terrassengärten. Die wurden 1927 im Neorenaissance-Stil restauriert. Sie sind in fünf aufeinanderfolgende Terrassen unterteilt. Den Haupteingang zum Garten bildet eine imposante Doppeltreppe im Stil von Louis XIV. Die Abteikirche ist heute eine katholische Pfarrei und gehört zum Erzbistum Mechelen-Brüssel. In einem Teil des Klosters befindet sich heute das Nationale Geographieinstitut, in einem anderen eine renommierte Schule für bildende Kunst. Auch ein Wäldchen und ein Teich, der aus der Quelle des Flusses Maelbeek/Maalbeek gespeist wird, gehören zu dem Grundstück.

Eine gute Idee ist es, den Spaziergang schon früher beginnen zu lassen und dann langsam in die Stille einzutauchen. Das beliebte Café Belga am Place Flagey/Flageyplein ist ein idealer Startpunkt. Von dort aus geht es entlang der beiden Weiher von Ixelles/Elsene bis zur Abtei. Hier vorbei an Ehrenhof und Kirche empfängt einen die wunderbare Stille.

Abbaye de la Cambre/Ter Kamerenabdij, 1050 Brüssel, Tel. +32 2/6 48 91 14
ÖPNV: Tramlinien 7, 8, Haltestelle Cambre-Étoile/Ter Kameren-Ster

Ein echter Klassiker

55 *Musikinstrumentenmuseum*

Wie klingt ein „Schlangenkronleuchter“? Dieses und andere überraschende Instrumente finden sich im Musikinstrumentenmuseum, kurz: mim. Es beherbergt 8.000 Instrumente, von denen auf fünf Etagen 1.200 ausgestellt sind – eine wahre Fundgrube für Musikfans. Geführt von einem Audioguide kann man selbst auf Entdeckungstour gehen und sich all die wundersamen, kuriosen und interessanten Instrumente aus der ganzen Welt und verschiedenen Epochen vorspielen lassen. Natürlich sind auch Schätze darunter wie die Glasharmonika, die 1762 von Benjamin Franklin entwickelt wurde, oder das Altsaxophon vom belgischen Saxophon-Entwickler Adolphe Sax.

Abgesehen von seinen Ausstellungsstücken ist der Museumsbau selbst ein Schmuckstück. Er besteht aus zwei Gebäuden: vorne das ehemalige Kaufhaus Old England, ein echtes Jugendstiljuwel, das 1899 von Paul Saintenoy entworfen wurde, und hinten ein neoklassizistisches Gebäude von 1774, entworfen von Gilles-Barnabé Guimard. Das Museum wurde ursprünglich geschaffen, um Studenten des angrenzenden Brüsseler Musikkonservatoriums Instrumente zu zeigen. Wem außen vor Staunen der Mund offen stehen bleibt, der wird ihn auch innen nicht schließen. Hier fährt ein gläserner Aufzug alle Etagen an, bis in den sechsten Stock. Dort befinden sich ein Restaurant mit atemberaubender Aussicht auf die historische Altstadt und eine Dachterrasse mit Blick auf den Königlichen Palast. Auch wer sich nicht für Musik interessiert, kann hier speisen, ohne Museumseintritt zahlen zu müssen. Es lohnt sich! Denn obwohl es in Brüssel immer mehr Dachterrassen und Rooftop-Bars gibt, diese hier ist ein Klassiker in bester Lage.

Ach ja, der „Schlangenkronleuchter“ heißt übrigens Serpent und ist ein schlangenförmig gewundenes historisches Blechblasinstrument.

TIPP

Mit der Brussels Card erhält man freien Eintritt in 41 Museen, auch im mim.

Le mim – Musée des instruments de musique/Muziekinstrumentenmuseum, Rue Montagne de la Cour/Hofbergstraat 2, 1000 Brüssel, Tel. +32 2/5 45 01 30
www.mim.be/en

ÖPNV: Tramlinien 92, 93, Haltestelle Palais/Paleizen oder Haltestelle Royale/Koning

Wenn ich einmal reich wär'

56 *Hotel Métropole*

Roter Teppich, enorme Kronleuchter, goldene Säulen, verzierte Decken, livriertes Personal. Ja, das Hotel Métropole ist luxuriös und wirkt auf den ersten Blick einschüchternd. Aber: Es ist für jeden zugänglich. Wer wollte nicht schon immer einen Blick in die Welt der Reichen werfen? Sich einmal darunter mischen? Ein bisschen Luxusluft schnüffeln? Dann los! Einfach über den roten Teppich ins Hotel eintreten. Der Haupteingang im französischen Renaissance-Stil geht in der Eingangshalle über in den Empire-Stil, die von Säulen dominiert ist. Kurz vor der beeindruckenden Rezeption in dunklem Edelholz mit goldenen Lampen vor Buntglasfenstern biegt man rechts in die Lobby ab, in die Bar Le 31, die als Hommage an die Belle Époque im Stil des ausgehenden 19. Jahrhunderts gestaltet ist. Wer Glück hat, kann hier in dem verspiegelten Raum, in einem der weißen Sessel sitzend, bei einem Drink auch Live-Musik genießen und sich dabei nicht sattsehen an dem sich immer wieder spiegelnden Luxus, den schweren Möbeln, bunten Fresken, imposanten Leuchtern und Skulpturen. Sonntags, montags und feiertags ist die Bar geschlossen.

Das dem Hotel vorgelagerte und neben dem Hoteleingang befindliche Café bietet sich natürlich auch für eine Pause an. Hier gibt es eine Brasserie-Küche der gehobenen Klasse, die auch auf der ganzjährig geöffneten und im Winter beheizten Terrasse genossen werden kann. Die Jugendstil-Einrichtung mit dem goldenen Brunnen ist genauso edel wie das Hotel, ein Café-Aufenthalt ist aber weniger spannend als ein Einblick in das Grandhotel. Hier nächtigten schließlich schon zahlreiche hochkarätige Gäste, wie Charles de Gaulle und Konrad Adenauer, Albert Einstein und Marie Curie, die hier 1911 bei der ersten Solvay-Konferenz für Chemie und Physik Geschichte schrieben.

Hotel Métropole, Place De Brouckère/De Brouckèreplein 31, 1000 Brüssel, Tel. +32 2/2 17 23 00
www.metropolehotel.com/en

ÖPNV: Metrolinien 1, 5, Tramlinien 3, 4, 32, Haltestelle De Brouckère

Hinter den Kulissen

57 *Parlamentarium*

Bunt, interaktiv, multimedial. So ist das Besucherzentrum des Europäischen Parlaments. Ideal für alle, die wissen wollen, wie die EU funktioniert. Die rund 90 Minuten dauernde Führung klärt alle Fragen rund um Europa, die EU, die Abgeordneten und das Parlament. Tragbare Tablet-Guides führen den Besucher durch die knapp 3.000 Quadratmeter große Ausstellungsfläche in einer der 24 Amtssprachen der EU.
Zuerst geht es um Grundsätzliches, Geschichtliches, einen Überblick. Im zweiten Teil taucht man tiefer ein. In einer 360-Grad-Projektion des Straßburger Plenarsaals nimmt der Besucher Platz und kann scheinbar hautnah dabei zusehen, wie im EU-Parlament gearbeitet wird, und sich so fühlen, als wäre man ein bisschen näher dran. Danach geht es auf eine begehbare und interaktive Karte, auf der man mit bereiften Bildschirmen auf Entdeckungsreise durch die Europäische Union geht. Auch die Abgeordneten kommen in der Ausstellung zu Wort und berichten, wie sie die Interessen der EU-Bürger vertreten. In einer gemütlichen Sofa-Ecke fast am Ende der Ausstellung kann man Europäern lauschen, die erzählen, was Europa und die EU für sie bedeuten. Ganz zum Schluss besteht die Möglichkeit, seinen Wunsch an die EU in einen Computer einzugeben, der dieses Anliegen kurz danach in einer grellen Farbe auf die gegenüberliegende Wand projiziert. Das Parlamentarium zeigt die positiven Seiten der EU, die Investitionen, Errungenschaften, glückliche Bürger. Von Krise keine Spur. Dennoch ist die moderne und kostenlose Ausstellung gut geeignet für Leute, die sich einen Überblick über das Wirken der EU verschaffen möchten oder ein bisschen Parlamentsluft schnuppern wollen. Das Parlamentarium liegt im Europaviertel, direkt bei den EU-Institutionen und ist wegen der großen blauen gebogenen Leuchttafel über dem Eingang nicht zu übersehen.

Parlement européen/Europees Parlement, Place du Luxembourg/Luxemburgplein 100, 1050 Brüssel
www.europarl.europa.eu/visiting/de/brussels/parlamentarium
ÖPNV: Metrolinien 2, 6, Haltestelle Trone/Troon oder Metrolinien 1, 5, Haltestelle Maelbeek/Maalbeek

Verborgene Pracht

58 *Villa Empain*

Brüssel zeigt seine Schätze nicht alle direkt auf den ersten Blick, erst nach und nach offenbaren sie sich. Wie das repräsentative Art-déco-Haus Villa Empain, das hinter dem Wald-Park Bois de la Cambre/Ter Kamerenbos liegt. Eingereiht zwischen beeindruckenden Diplomatenhäusern in der Avenue du Franklin Roosevelt/Franklin Rooseveltlaan glänzt die Villa in poliertem blaugrauem Granit. Fensterausschnitte und Gebäudekanten sind mit vergoldeten Eckprofilen ausgestattet. Ein besonderer Höhepunkt der Villa liegt im Garten: 500 Quadratmeter ist er groß, der Pool. Kristallklares Wasser, eingerahmt von einer kunstvollen Pergola. Dahinter riesige Gartenanlagen.

Innen taucht man in die Luxus-Welt von Louis Empain, jüngstem Sohn einer wohlhabenden belgischen Unternehmerfamilie, der mit 21 Jahren 1930 die Villa von dem bedeutenden Schweizer Architekten Michel Polak bauen ließ. Fünf Jahre dauerte es, bis das 2.500 Quadratmeter große Haus fertiggestellt war – Louis Empain wohnte nur ein Jahr darin, ihm war es dann doch zu groß. Er schenkte die Villa 1937 dem belgischen Staat mit der Intention, daraus ein Museum zu machen. Dies wurde lange aufgeschoben.

Seit 2007 gehört das Anwesen der Stiftung Boghossian, die eine Brücke zwischen Ost und West bilden möchte. In der Villa Empain werden östliche und westliche Visionen und Kunst in Ausstellungen und Veranstaltungen zusammengebracht, Begegnungen und Austausch zwischen den Kulturen werden angeregt, junge arabischstämmige Künstler, vor allem aus Armenien und dem Libanon, werden von der Stiftung unterstützt. Das ganze Jahr bietet die Stiftung ein reichhaltiges Kulturprogramm. Das Museumscafé liegt in einem privaten Salon von Louis Empain. Es ist ein besonders gut versteckter Schatz inmitten des prachtvollen Gebäudes mit holzvertäfelten Decken, reinem Marmor, Tropenhölzern, Bronzeverzierungen, Glasmosaiken und einer hinterleuchteten Glasdecke.

Villa Empain, Avenue Franklin Roosevelt/Franklin Rooseveltlaan 67, 1000 Brüssel, Tel. +32 2/6 27 52 30, www.villaempain.com/en

ÖPNV: Tramlinien 8, 25, Haltestelle Marie-José

Die Welt der Züge

59 *Train World*

Zugfahren ist alltäglich geworden. Viele Brüssel-Besucher kommen mit dem Zug an. Praktisch und unglamourös. Wieso dann noch in ein Zug-Museum? Weil es Spaß macht und staunen lässt. Jedenfalls dieses in Europa einzigartige Museum. Nein, es ist nicht einfach ein Museum, in dem man sich Dinge anschaut, es ist eine Erlebniswelt rund um die belgische Eisenbahn.

Deren Geschichte ist auch erzählenswert, verkehrte doch der erste Personenzug auf dem europäischen Kontinent am 5. Mai 1835 zwischen Brüssel und Mechelen. Der Bahnhof Schaerbeek/Schaarbeek liegt genau auf dieser Strecke und ist der heute einzige vollständig erhaltene Bahnhof Brüssels aus dem 19. Jahrhundert und noch voll in Funktion. Er ist beeindruckend mit seiner Architektur und seiner imposanten, im flämischen Renaissance-Stil gehaltenen Halle. Darum sollte man unbedingt mit der Bahn anreisen, denn dann ist man auch direkt schon am richtigen Ort: Ein Teil dieses Bahnhofs gehört zur Train World.

Das Museum hat wechselnde temporäre Ausstellungen wie zu Tim und Struppi oder auch eine Lego-Zugwelt. Danach kommt man durch den Hof zu einem neuen Museumskomplex und taucht sofort in eine dramatische Atmosphäre ein: Dunkelheit, Rauch, tiefe Musikklänge und beeindruckende antike Lokomotiven, von der ersten Dampfmaschine über königliche Wagen bis zum Trans-Europ-Express. Die Geschichte des ältesten Eisenbahnnetzes Europas, die belgischen Erfinder und Eisenbahnbeamten, die Technologien und Weiterentwicklungen – alles wird kurzweilig erzählt. Und: Man darf die Züge berühren und selbst einsteigen. Mit einem Simulator kann man sogar mit dem Zug der Zukunft fahren. Dann ist da noch das Gebäude selbst. Mit seiner Industriearchitektur, Metallstrukturen und den riesigen Fenstern, die es mit der heutigen Bahnstation verbinden. Die Inszenierung des Museums wurde von dem belgischen Karikaturisten François Schuiten entworfen. Fans erkennen hier seine persönliche Handschrift.

TIPP In der Nähe des Bahnhofs ist das Train Hostel. Hier kann man ein Zimmer in einem Zugwaggon buchen.

Train World, Place Princesse Elisabeth/Prinses Elisabethplein 5, 1030 Brüssel, Tel. +32 2/2 24 74 98, www.trainworld.be/de

ÖPNV: Tramlinien 32, 55, 92, Haltestelle Schaerbeek/Schaarbeek

CHEMIN DE FER · SPOORWEG
BIENVENUE
TRAIN WORLD

Eisenbahnpromenade

60 *Promenade du Chemin de Fer/Spoorwegwandeling*

Einst fuhr die Linie 160 zwischen Brüssel und Tervuren. Am 31. Dezember 1958 wurde die Strecke stillgelegt, die Konkurrenz durch Auto und Bus war einfach zu groß und eine Eisenbahnstrecke nicht mehr vonnöten. Doch die Bahnstrecke ist heute gar nicht so still, denn wer sie kennt, kommt gern hierhin – besonders bei schönem Wetter. Radfahrer und Spaziergänger lieben diesen sechs Kilometer langen Weg für einen kleinen Ausflug oder als Teil der großen „grünen Wanderung". Das Besondere: Die Route führt genau über die ehemalige Bahnstrecke. Die ausgebaute Spazier-, Wander- und Radstrecke ist gesäumt von Bänken und führt an zwei Spielplätzen vorbei. Alle Brücken wurden neu errichtet und sind gut zu überqueren.

Bei der Wanderung kann man einen Teil des Waluwe-Tals entdecken. Start ist an der Haltestelle Beaulieu. Sie verlässt man, überquert die Brücke über den Boulevard des Invalides/Invalidenlaan und passiert die Chaussée de Wavre/Waversesteenweg und die Avenue du Parc de Woluwe/Park van Woluwelaan. Dann gelangt man zum Brüsseler Straßenbahn-Museum Musée du Transport Urbain/Museum voor het Stedelijke Vervoer und kann die Ausstellung anschauen: Straßenbahnen, Busse und Taxis, die seit 1869 in der Stadt verkehren. Weiter geht's über die Fußgängerbrücke über die Avenue de Tervueren/Tervuerenlaan. Dann durchquert man Woluwe-Saint-Pierre/Sint-Pieters-Woluwe und Woluwe-Saint-Lambert/Sint-Lambrechts-Woluwe bis man in Stockel/Stokkel ist. Das Ende oder den Anfang, je nachdem wie herum man gehen möchte, bildet die Haltestelle Stockel/Stokkel.

Während des Spaziergangs sind vor allem Akazien zu sehen, aber auch Birken, Pappeln, Eschen und Weiden. Dort fühlen sich auch Tiere wohl, vor allem Vögel und Insekten. Aber auch Kunst ist zu sehen: die so genannte „Eisenbahnkalligrafie" von Daniel Steenhaut in der Nähe der Station Woluwe, wo sich zwei Gleise treffen. Hier hat der Künstler zwei Stahlskulpturen errichtet, einen Mann und eine Frau, die sich an dieser Stelle treffen und die Hände reichen.

ÖPNV: Metrolinie 1, Haltestelle Beaulieu oder Metrolinie 1, Tramlinie 39, Haltestelle Stockel/Stokkel

Abstecher nach Tibet

61 *Institut Tibétain Nalanda/Nalanda Instituut*

In unserer schnelllebigen und sich rasant verändernden Zeit ist es enorm wichtig, einmal anzuhalten, durchzuatmen, sich auf sich selbst zu konzentrieren. Wie geht es mir? Wo befinde ich mich in meinem Leben? Was sind die nächsten Schritte? Bin ich zufrieden? Selten nehmen wir uns im Alltag die Zeit dafür. Ständig sind wir in Bewegung und abgelenkt durch die vielen Eindrücke und Ansprüche an uns selbst. Das Nalanda-Institut bietet die Möglichkeit, wieder zu sich selbst zu finden. Sich in der sanften und beruhigenden Atmosphäre einfach gehen zu lassen, zu entspannen, durchzuatmen.
Doch nicht nur für Ruhebedürftige ist das kulturelle Zentrum in der Nähe des Parc du Cinquantenaire/Jubelparks ein wundervoller Ort, sondern auch für Weltreisende und Kunstliebhaber. Das Herz des tibetanischen Instituts ist ein wunderschöner Tempel, der mit seiner harmonischen Farbgebung ein perfektes Beispiel für authentische tibetanische und buddhistische Kunst ist. Er ist in traditioneller tibetanischer Ästhetik gehalten mit seinen Wandgemälden, den Thangkas, und seiner prächtigen Statue. Es gibt Tempelführungen auf Französisch, Niederländisch und Englisch. Gruppenbesuche müssen zuvor per E-Mail angekündigt werden.
2001 wurde dieser Ort des Dialogs, Studiums und der Meditation in Brüssel gegründet, und hier ist jeder willkommen, unabhängig von philosophischer und religiöser Überzeugung, sofern er sich für den Buddhismus interessiert und seine verschiedenen Aspekte schätzt. Viele Buddhisten kommen regelmäßig hierhin. Nalanda ist Sanskrit und bedeutet übersetzt „unbegrenzte Großzügigkeit". Der Name wurde in Anlehnung an die buddhistische Nalanda-Universität im nordindischen Bihar gewählt, die Buddha selbst gründete und die 1193 ihr Ende fand. Das Hauptziel des Instituts ist es, zu einer glücklicheren Gesellschaft beizutragen. Doch das sei nur möglich, wenn sich unser Körper, Geist und unsere Spiritualität in einem gesunden Gleichgewicht befinden.

Institut Tibétain Nalanda/Nalanda Instituut, Rue de l'Orme/Olmstraat 50, 1030 Brüssel, Tel. +32 2/6 75 38 05, www.tibinst.be
ÖPNV: Tramlinie 81, Haltestelle Merode

Auf dem Triumphbogen

62 *Arc de Triomphe/Triomfboog*

Er ist das östliche Tor zum weitläufigen Parc du Chinquantenaire/Jubelpark und erinnert mit der bronzenen Quadriga an das Brandenburger Tor: der Triumphbogen. Besonders eindrucksvoll anzusehen ist der kunstvoll verzierte und aus belgischem Granit errichtete Bogen im Frühling, wenn bunte Blumenbeete vom mittleren Bogen wegführen, umringt von einem insgesamt makellos gepflegten Park. Ein wunderbarer Überblick über den Park und das sich ganz in der Nähe befindliche Europaviertel mit den EU-Insitutionen lässt sich von oben genießen. Um die Aussichtsplattform zu erreichen, muss man den Aufzug im Militärmuseum Musée Royal de l'Armée/Koninklijk Legermuseum nehmen, das in der nördlich an den Triumphbogen angeschlossenen Halle untergebracht ist und auch eine große Flugzeugausstellung beheimatet. Ein Besuch der Aussichtsplattform auf dem Triumphbogen ist kostenlos. Die weibliche Wagenlenkerin auf dem Triumphbogen repräsentiert übrigens die belgische Provinz Brabant, zu der bis 1995 auch Brüssel gehörte.
Das Monument besteht aus drei Bögen, an beiden Seiten des Bauwerks schließt sich ein Säulengang an, der jeweils in eine große Ausstellungshalle aus Glas und Eisen mündet. Am südlichen Rand befindet sich das Autoworld Museum, eines der wichtigsten Museen für antike Autos in Europa, und die Musées royaux d'Art et d'Histoire/Koninklijke Musea Kunst en Geschiedenis zeigt archäologische Funde aus aller Welt. Eine der Alleen des Parks führt zum Pavillon des Passions humaines/Paviljoen van de Menselijke Driften, einem von Victor Horta gestalteten Bauwerk. Direkt daneben befindet sich die älteste und größte Moschee Brüssels. Park und Triumphbogen gehen auf Leopold II. zurück, der eine Leidenschaft für pompöse Bauwerke hatte und Belgien in der ganzen Welt bekannt machen wollte. Seine Idee war es, beides zum 50. Jahrestag Belgiens zu errichten. Der Triumphbogen wurde aber erst 1905, zur 75-Jahr-Feier, fertiggestellt.

- **Arc de Triomphe/Triomfboog, Parc du Cinquantenaire/Jubelpark, 1000 Brüssel**
- **ÖPNV: Metrolinien 1, 5, Haltestelle Schuman, Tramlinien 81, Haltestelle Merode**

63 *Cauchie-Haus*

Es ist eines der vielen Jugendstilhäuser in Brüssel und gehört zu den schönsten. Gebaut wurde es 1905, entworfen von dem Künstler Paul Cauchie, der hier mit seiner Frau Lina wohnte. „Par nous, pour nous" steht auf der Fassade: durch uns, für uns. Beide arbeiteten als Dekorateure und Maler, was man wunderbar an den prachtvollen Wandmalereien sehen kann. Das Haus war nicht nur das Heim, sondern auch das Aushängeschild des Künstlerpaares. Die Vorderseite des Hauses hat drei Türen, die rechte führt zur Hochparterre, die mittlere in den Keller und die linke ist nur Dekoration. Auch das Innere des Hauses ist mit aufwendigen Malereien verziert, die allerdings nicht wie bei Victor Horta der Pflanzenwelt entlehnt sind, sondern sich an der Geometrie orientieren. Auch Symmetrie und Vertikalität beeinflussten Cauchie was sich in der Ästhetik des Hauses erkennen lässt. Cauchie ließ sich zudem durch die griechisch-römische Mythologie inspirieren und verewigte an dem Haus die neun Musen, denen er allerdings nicht die klassischen Attribute gab, sondern diese durch eine Anspielung auf die freien Künste ersetzte. Bekannt wurde Paul Cauchie vor allem für seine Sgraffiti, Kratzbilder, die innen wie außen an den Wänden zu bewundern sind.
Das Beste an dem Haus: Im Gegensatz zu den anderen prachtvollen Jugendstil-Wohnhäusern in Brüssels Straßen kann man dieses besichtigen. Die wichtigsten Räume, das Atelier und der Keller, sind zugänglich, hier unten befindet sich heute eine Galerie, in der Gemälde von Paul und Lina Cauchie ausgestellt werden.
Da Cauchie damals noch nicht reich war, musste er minderwertige Baustoffe verwenden. Dies führte dazu, dass sein Haus mit der Zeit baufällig wurde und 1971 vom Abriss bedroht war. Proteste verhinderten dies. Seit 1975 steht das Gebäude unter Denkmalschutz. 1979 kauften Guy und Léona Dessicy das Haus und ließen es renovieren – 15 Jahre dauerten die Arbeiten.

Maison Cauchie/Cauchiehuis, Rue des Francs/Frankrijkstraat 5, 1040 Brüssel, Tel. +32 2/7 33 86 84, www.cauchie.be

ÖPNV: Metrolinien 1, 5, Tramlinie 81, Haltestelle Mérode

PAR NOUS
POUR NOUS

Brüsseler Schafe

64 *Les Moutons Bruxellois*

Mehr Schafe, weniger Beton! Das ist das Motto von Berufsschullehrer David d'Hondt, der im Juni 2018 seine Schäferei in Brüssel begann. Das Leben in der Stadt sei hart, laut, schmutzig und manchmal aggressiv. Viele Städter würden sich daher nach dem Land sehnen, nach einem ruhigeren Leben und einer grüneren Landschaft. Dies versucht David in die Stadt zu integrieren indem er eine gemütliche Schafsherde auf den Wiesen der Stadt weiden lässt. Zudem produziert er Wolle und Fleisch, um das Projekt zu finanzieren, aber auch, um die Menschen auf ihren Fleischkonsum aufmerksam zu machen und dafür zu sensibilisieren. Im Umland von Brüssel gibt es noch viel Landwirtschaft, allerdings ist es für die Bauern schwierig, mit ihren Produkten einen Weg in die Stadt zu finden. Davids Stadtschäferei soll auch daran erinnern.

Schafe vor Hochhäusern. Ein ungewöhnlicher Anblick. Die Hauptweide befindet sich hinter dem Erasmuskrankenhaus L'Hôpital Érasme/Erasmusziekenhuis in der Gemeinde Anderlecht. Aber die Schafe ziehen auch um und dürfen auf Wiesen in Zavelenberg und Berchem-Sainte-Agathe weiden. Bei dem Spaziergang der „grünen Wanderung" kommt man sicher an der Schafherde von David vorbei. Dieser freut sich über Besuch. Die Schafe sind ein neuer lebendiger Aspekt der Stadt, der viele Neugierige anzieht. Regelmäßig kommen Brüsseler vorbei, um mit ihm zu plaudern oder auch einfach nur die spannende Sicht auf die Schafe in ihrer Stadt zu genießen. David arbeitet auch mit der psychiatrischen Abteilung des Krankenhauses zusammen mit einem Projekt, bei dem Jugendliche den Schafen begegnen. Weitere soziokulturelle Aktionen sind geplant. Die Schafe sind also zutraulich und Besucher gewohnt.

Wer über das Projekt informiert bleiben möchte und wissen will, wo sich die Schafe gerade befinden, schaut auf die Homepage von Les Moutons Bruxellois oder auf deren Facebook-Seite.

Les Moutons Bruxellois, Rue Meylemeersch/Mijlenmeerstraat, 1070 Brüssel
www.lesmoutonsbruxellois.be
ÖPNV: Metrolinie 5, Haltestelle Erasme/Erasmus

Erlebniswelt Kanal

65 *COOP Discovery*

Die Kanalregion in Brüssel hat eine spannende Geschichte. Sie war ein wichtiger Industriestandort und befindet sich in ständigem Wandel. Hier gibt es viel zu entdecken. Über Arbeit, Technologien, Entwicklung, soziale Konflikte, Solidarität und Menschen aus der ganzen Welt, die hier zusammen leben und arbeiten. Diese Geschichten, die mit der industriellen Revolution beginnen, kann jeder im COOP erleben. Seit 2016 befindet sich im Gebäude der ehemaligen Industriemühle Moulart dieses wirtschaftliche und kulturelle Zentrum. In den vielen Büros haben Unternehmen ihren Sitz, die Lagerräume stehen ihnen auch zur Verfügung. Was aber viel interessanter ist: COOP Discovery. Es bietet ein umfangreiches Kultur- und Bildungsprogramm rund um die Region des Gebäudes direkt am Kanal. Hier können Besucher das industrielle, soziale und kulturelle Leben der Bewohner entdecken, genauso wie die Umgebung generell. Eine Dauerausstellung zeigt in 14 Themenbereichen die verschiedenen Facetten der Kanalregion und Umgebung. Im obersten Stockwerk des Industriegebäudes werden das Ökosystem des Kanals und der Senne sowie die Flora und Fauna beleuchtet. Mithilfe eines Pools kann der Besucher das Flusssystem begreifen – anschaulich und erlebnisreich.

TIPP Von der Panoramaterrasse des Gebäudes im COOP-Café hat man einen tollen Blick auf Brüssel und das Senne-Flusstal.

Draußen befindet sich passend dazu ein pädagogischer Garten. Er beheimatet verschiedenen Pflanzenarten, einen urbanen Gemüsegarten, und es besteht die Möglichkeit, einen botanischen Spaziergang zu unternehmen – natürlich mit Erklärungen und Aktivitäten. Hier befindet sich auch eine innovative Flusswerft, wo Boote gebaut und repariert, Holzbearbeitung und Schifffahrt erklärt werden. Und das Beste: Man kann bei allem mitmachen. Das Coop bietet zahlreiche Workshops für Kinder und Erwachsene, Schulklassen, Vereine, Familien und Einzelpersonen. Zum Beispiel selbstfahrende Boote bauen, Brot backen, Taschen herstellen, Drucktechniken, aber auch geführte Rundgänge durch das Viertel mit den drei Themenschwerpunkten Natur, Industrie und Bevölkerung werden angeboten.

COOP Discovery, Quai Fernand Demets/Fernand Demetskaai 23, 1070 Brüssel, Tel. +32 2/8 99 93 00, www.coop.brussels/decouverte/en

ÖPNV: Metrolinie 5, Haltestelle Jacques Brel, Metrolinien 2, 6, Haltestelle Delacroix, Tramlinie 81, Haltestelle Albert I

Brüssels grüner Gürtel

66 La Promenade Verte/De Groene Wandeling

Brüssel ist zwar eine Hauptstadt, aber das Zentrum von Brüssel ist nicht groß. Schnell ist man außerhalb, im Grünen, in ländlicheren Gemeinden, bei Bauernhöfen und Naturschutzgebieten. Auch das gehört zu Brüssel. Hier wird wieder einmal deutlich, wie vielfältig die belgische Hauptstadt ist. Am besten erkundet man die Region um Brüssel auf der Promenade Verte/Groene Wandeling. Sie ist eine rund 60 Kilometer lange Strecke, die durch die Stadt, durch Parks und Industrieviertel führt, aber auch durch das Umland, durch Wiesen und Wälder – einmal um die Stadt herum. Dieser Weg ist gut gekennzeichnet und in sieben Etappen unterteilt, sodass man sich entweder den schönsten Weg aussuchen oder den kompletten langen Spaziergang in angenehmen Häppchen genießen kann. Die sieben Etappen sind:

- ***Das Heyzel-Plateau und die königlichen Parks (6,6 Kilometer):*** *vorbei am Japanischen Turm und Chinesischem Pavillon, durch ein Naturschutzgebiet, bis zum Jardin Colonial/Koloniale Tuin und Sobieski-Park*
- ***Zwischen den Flüssen Senne/Zenne und Woluwe (7,1 Kilometer):*** *die urbanste Route*
- ***Das Woluwe-Tal (9,8 Kilometer):*** *Start ist am Place Sainte-Lambert/Sint-Lambrechtsplein, dann entlang des Flusses Woluwe, über eine Fußgängerbrücke entlang der ehemaligen Eisenbahnstrecke bis zur Abtei Rouge-Cloître/Rood Klooster*
- ***Der Wald Zoniënwoud/ Forêt de Soignes und der Süden von Uccle/Ukkel (8 Kilometer):*** *eine Mischung aus Wohn- und Naturgebieten mit Ende in dem Naturschutzgebiet Kinsendael-Kriekenput, wo man von Fröschen, Kröten und Molchen begrüßt wird*
- ***Zwischen Geleytsbeek und Vogelzangbeek (11,2 Kilometer):*** *durch Industriegebiete, an Gemüsegärten entlang bis zum Erasmus-Krankenhaus*
- ***Pajottenland (7,2 Kilometer):*** *Mühlen, Bauernhöfe, hübsche Vorgärten und ein toller Blick auf Brüssel von Scheutbos in Molenbeek*
- ***Das Molenbeek-Tal (9,3 Kilometer):*** *Sumpf, Wald, Naturschutzgebiet – und zurück zum Place Sainte-Lambert/Sint-Lambrechtsplein*

Auf der Webseite von „Umwelt Brüssel" kann man sich den Guide zur Promenade Verte umsonst als PDF herunterladen: www.environnement.brussels/thematiques/espaces-verts-et-biodiversite/la-promenade-verte
Wer lieber eine Papierversion möchte, kann sie unter Tel. +32 2/7 75 75 75 bestellen

Jugendstil-Juwel

67 *Horta-Museum*

Wer durch Brüssels Straßen geht, sieht ab und zu wunderschöne Jugendstil-Häuser hervorlugen. Sie fallen auf, verzaubern. Doch die meisten sind in Privatbesitz, und man kann nicht eintreten. Leider. 22 dieser heute noch bestehenden Jugendstil-Gebäude in Brüssel wurden von Victor Horta gebaut. Wie kein anderer hat er das Stadtbild geprägt. Auf der Homepage des Horta-Museums sind die Standorte seiner Häuser in einer Karte eingezeichnet. Sie alle sind Gesamtkunstwerke im Stil des Art nouveau: frei liegende Gusseisenelemente, Glasdachkonstruktionen, organische Formen, geschwungene Linien. Einige seiner mit Schnörkeln und Gusseisen verzierten Stadthäuser stehen auf der Welterbeliste der Unesco. So auch sein Wohnhaus.

Der belgische Architekt baute das Haus zwischen 1898 und 1901. Das Atelier und Wohnhaus von Victor Horta bietet außen schon einen Vorgeschmack auf das Innenleben. Steht man in der Schlange vor dem Eingang, das kann an manchen Tagen passieren, erheben sich über den Köpfen kompliziert ineinander verschlungene Balkongitter. Die Farben außen passen zu denen innen: warme Erdtöne und Gold. Lineares Design und fließende Kurven. Horta wurde von den geometrischen Figuren des Art-déco-Stils, eingemauertem Buntglas, Schmiedewerk und holzgeschnitzten Möbeln beeinflusst. Wer auf einer der drei Treppen hochschaut, sieht den Brüsseler Himmel durch die teils verglaste Decke. Das große Fenster im hinteren Teil bietet einen tollen Blick auf den schönen großen Garten, leider ist er für Museumsbesucher nicht zugänglich.

TIPP **Nur ein paar Straßen entfernt: die Jugendstil-Häuser von Paul Hankar, Jules Brunfaut und Albert Roosenboom.**

Was auffallend anders ist: Elemente der ostasiatischen Kunst, kleine Figuren in knalligen Farben. Und wie hell dieses Haus ist! Und gleichzeitig auch eng. Denn es war natürlich als Wohnhaus konzipiert und nicht als Museum, durch das sich Dutzende Menschen quetschen.

Musée Horta, Rue Américaine/Amerikaansestraat 25, 1060 Brüssel, Tel. +32 2/5 43 04 90
www.hortamuseum.be
ÖPNV: Tramlinien 81, 92, 97, Haltestelle Place Janson/Jansonplein

MUSEE HORTA MUSEUM
Entrée n°
Ingang n°
Entrance n°
27

Königreich der Krustentiere

68 *Imbiss La Mer du Nord/Noordzee*

Fischfans aufgepasst! Das La Mer du Nord/Noordzee ist ein Feinschmecker-Spot, den Einheimische und Besucher gleichermaßen lieben. Mitten im beliebten Modeviertel Dansaert, direkt bei der Kirche Sainte-Catherine/Sint-Katelijne, befindet sich der Fischladen mit den wahrscheinlich besten Meeresfrüchten der Stadt. Selbst im Winter stehen die Genießer hier an den Tischen unter der dunkelblauen Markise unmittelbar vor der Edelstahltheke – denn es gibt keinen Innenraum. Sie essen ihre Fisch-Tapas mit einem Glas Weißwein und schwärmen von den leckeren Meerestieren, die hier frisch zubereitet werden. Die Atmosphäre ist sehr nett und entspannt – ein absolutes Muss in Brüssel.
Unbedingt probieren: die belgischen Krabbenkroketten Croquettes aux crevettes/Garnaalkroketten. Auch lecker sind die gebratenen Calamari, Hummer im Blätterteig, frische Austern, gegrillter Thunfisch, Lachs-Ceviche und die traditionelle Fischsuppe, die mit geriebenem Käse und Croutons serviert wird. Die Preise reichen von 2 bis 25 Euro.
Vor allem im Sommer, wenn besonders viel los ist, ändert sich die Karte stündlich. Dann gilt: Was weg ist, ist weg. Das ist nachhaltige Küche, und so kann Frische garantiert werden. Dann stehen die Stehtische auch auf der anderen Straßenseite und auf dem kleinen Platz Sainte-Catherine/Sint-Katelijne verteilt. Man sollte unbedingt Wartezeit einplanen und flexibel bei der Bestellung sein. Manchmal muss der Imbiss früh schließen, weil alles aufgegessen ist – auch die Vorräte aus der Ladentheke. Das La Mer du Nord/Noordzee ist nämlich auch ein Geschäft. Wer seinen Fisch lieber selbst zubereitet, kauft ihn hier frisch und in bester Qualität.

La Mer du Nord/Noordzee, Place Sainte-Catherine/Sint-Katelijneplein 45, 1000 Brüssel, Tel. +32 2/5 13 11 92, www.noordzeemerdunord.be

ÖPNV: Metrolinien 1, 5, Haltestelle Sainte Catherine/Sint-Katelijne

Mer du
Nord

Zurück in die Kindheit

69 *Süßwarengeschäft Papabubble*

Oh, wie süß! Alles ist hier einfach zuckersüß. Der kleine Laden von außen und innen genauso wie die bunten handgemachten Bonbons und Lollis, die im großen Schaufenster und auf den Ladenregalen ausliegen. Über 30 verschiedene Sorten gibt es in diesem Laden, von traditionellem Geschmack bis hin zu kreativen und verrückten neuen Kreationen mit Ingwer, grünem Tee und Rose. Alles ist zu 100 Prozent handgemacht und dazu noch mit ausschließlich belgischen, natürlichen Zutaten pflanzlichen Ursprungs – vegetarisch also. Deswegen kann man sich seine Bonbons sogar personalisieren lassen. Kann ja gar nicht so schlecht sein, diese Süßigkeit. Lecker!

Besonders toll ist, dass man den Zuckerkünstlern bei der Arbeit zusehen kann. Der 50 Quadratmeter große Laden besteht fast komplett aus einer langen Arbeitsfläche. Hier gibt es keine Maschinen! Hinter einer Glasscheibe kneten die Mitarbeiter gelben Zuckerteig und rollen rote Zuckerschlangen. Man kann genau beobachten, wie die Zuckerschlangen zu Lollis werden und Bonbons mit Mustern entstehen. Das ist ein schwieriges Puzzle, bei dem mit einer Schablone genau die Anteile an grünen, gelben, roten und anderen Farben abgemessen, zugeschnitten und passend aneinandergelegt werden müssen. Gern erklären die Mitarbeiter, wie sie vorgehen und was bei der Verarbeitung von Zucker beachtet werden muss, da er sehr schnell abkühlt und hart wird.

Hier werden Erwachsene wieder zu Kindern mit leuchtenden Augen. Denn das Beste: Probieren ist ein Muss. Natürlich, man kauft ja nicht einfach nach Aussehen eine ganze Dose Bonbons. Vor allem, da die Farben auch täuschen können. Bei Papabubble wird gern mit Geschmäckern und Aussehen getrickst, rumprobiert und neu erfunden. Wer schon als Kind mit großen Augen die Süßwarenläden bestaunte und sich nicht sattsehen und probieren konnte, der ist hier genau richtig. Vielleicht auch für einen Workshop?

Papabubble, Rue du Marché au Charbon/Kolenmarkt 13, 1000 Brüssel, Tel. +32 2/3 24 96 41 www.papabubble.com

ÖPNV: Tramlinien 3, 4, 32, Haltestelle Bourse/Beurs

Bunte Artistenwelt

70 *Zirkusschule*

Zirkus ist Magie, Freude, Staunen. Zirkus ist laut, bunt, aufregend. Zirkus zaubert ein Lächeln aufs Gesicht, lässt den Alltag vergessen, in eine andere Welt eintauchen. Um im Zirkus arbeiten zu können, muss man traditionellerweise in den Zirkus hineingeboren werden, oder aber man bringt sich selbst alles bei, was man als Zirkuskünstler wissen und können muss. Es gibt aber auch die Möglichkeit, Zirkus zu studieren. Weltweit gibt es nur eine Handvoll Zirkusschulen und eine der führenden ist die ESAC in Brüssel. In der renommierten Fachschule werden internationale Artisten in Tanz, Schauspiel, Musik und Akrobatik ausgebildet.

Diese Zirkuskünstler kommen ganz ohne Tiere und Clowns aus und überraschen mit ihrem Körper auf dem Seil, am Trapez, bei der Akrobatik. Drei bis viermal im Jahr gibt es Open Stages, bei denen die Zirkusschüler sich ausprobieren und einem Publikum ihre eigenen Programme vorstellen können. Eine tolle Gelegenheit, die Zirkustalente zu bewundern und die renommierte Zirkusschule kennenzulernen. Die Abschlussklasse des Jahres führt auch einmal im Jahr eine große Inszenierung in Brüssel auf, und bei vielen Veranstaltungen in der Stadt werden die Zirkusschüler miteinbezogen. Daten und weitere Informationen gibt es auf der Homepage.

Eine andere Idee ist es, einfach bei der Zirkusschule in Anderlecht vorbeizugehen und mit den Schülern ins Gespräch zu kommen. Die Schule befindet sich seit einem Jahr in einem modernen Gebäude mit klaren Linien, direkt am Wasser, auf dem gemütlich Hausboote wiegen, umgeben von grünen Wiesen, auf denen die Studenten ihre Mittagspause genießen. Die Schule hat helle Proberäume mit hohen Decken und viel Platz für die waghalsigen Übungen der Schüler. Einfach mal nachfragen: Mit etwas Glück nehmen die Studenten einen mit zu den Proben. Die Schule ist generell Besuchern gegenüber aufgeschlossen.

TIPP Auf dem Campusgelände gibt es für alle zugänglich das Didactisch Restaurant. Hier zeigen Köche der Restaurantfachschule ihr Können.

École Supérieure des Arts du Cirque (ESAC), Campus du CERIA/Campus van CERIA 8B, Avenue Emile Gryzon/Emile Grysonlaan 1, 1070 Brüssel, Tel. +32 2/5 26 79 00
www.esac.be/en

ÖPNV: Metrolinie 5, Haltestelle Coovi/Ceria, Buslinie 75, Haltestelle Campus Coovi/Campus Ceria

əsac

Treffpunkt

71 *Bar du Matin*

Es ist interessant, wie eine Location die Atmosphäre eines ganzen Viertels ändern kann. Bevor die Bar du Matin hier eröffnete, ist wahrscheinlich niemand auf die Idee gekommen, sich an den belebten Albert-Kreisverkehr zu setzen und in Ruhe einen Kaffee zu trinken. Seit sieben Jahren tun das täglich viele Brüsseler. Die Terrasse der Bar du Matin ist eine der beliebtesten der Stadt, obwohl sie an einer viel befahrenen Straße liegt.
Schon von Weitem erkennt man die beliebteste Location des Viertels an den eisblauen Stühlen und Tischen vor dem Gebäude und den sich im Wind wiegenden blauen, weißen und orangen Buchstaben „Bar du Matin“ auf dem Dach. Auch bei schlechtem Wetter ist es ein großartiger Ort für einen Nachmittagskaffee mit einem der leckeren selbst gebackenen Kuchen. Oder auch für einen Mittagssnack, denn hier gibt es Wraps, köstliche Suppen und leichte Salate. Alles befindet sich in Weckgläsern, die sich die Gäste aus einem Kühlschrank nehmen, bezahlen und an der Theke abgeben. Dort wird es auf Tellern drapiert und auf Wunsch aufgewärmt.
Architektonisch ist die Bar du Matin ein Hingucker. Entworfen von Frédéric Nicolay, der auch zahlreiche andere hippe Cafés in Brüssel designte und hier ein halbrundes Gebäude mit großen Fenstern, mittiger Theke, an Bullaugen erinnernden Spiegeln und viel Holz entwarf. Zur Mittags- und Kaffeezeit ist die Bar gut besucht, und viele Tische sind besetzt. Da die Bar aber sehr groß ist, findet man meist doch noch einen Platz, möglicherweise auch an der runden Theke, die an ein amerikanisches Diner aus den 70ern erinnert. Die meisten Gäste sind Studenten oder Anwohner. Viele kommen hierhin zum Arbeiten, während der Mittagspause oder nach Feierabend. Abends wird es noch voller, denn dann gibt's ständig Konzerte und Partys. Und obwohl die Bar du Matin etwas weiter vom Stadtzentrum entfernt in der Gemeinde Forst/Vorst liegt, lohnt sich der Abstecher. Zumal die Bar direkt an der Tramhaltestelle liegt.

Bar du Matin, Chaussée d'Alsemberg/Alsembergsesteenweg 172, 1190 Forest/Vorst, Tel. +32 2/5 37 71 59, www.bardumatin.be
ÖPNV: Tramlinien 3, 4, 51, Haltestelle Albert

Apple cinamon
Crunch Cake
→ lactose free
3.80 €
Oreo & Raspberry Brownie

Comics to go

72 *Buchladen La Maison de la BD*

Was bietet sich besser als Souvenir aus Brüssel an als ein Comic? Und wer hat nach einem Spaziergang durch die Comic-Hauptstadt keine Lust darauf, sich mit einem bunten Comic ein bisschen Brüssel mit in die Heimat zu nehmen? Und sowieso: Wer mag denn keine Comics? Genau, dann ab ins „Comic-Haus". Hier wird jeder fündig. Es gibt bekannte und unbekannte Bände in vielen Sprachen: 10.000 auf Französisch, 1.500 auf Niederländisch, 500 auf Englisch, 400 auf Deutsch, 100 auf Spanisch und Tim und Struppi-Bände in 70 Sprachen und Dialekten. Ein Paradies für Comic-Sammler! Schließlich wurde das Geschäft auch von einem leidenschaftlichen Sammler eröffnet. Hinzu kommen Referenzwerke, Vorzugsausgaben, Werke über die Autoren, Mangas, Graphic Novels, Figuren, Statuen, Poster, Siebdrucke, Postkarten, Puzzles und andere Spiele. Am besten bietet sich der Besuch im Anschluss an einen Comic-Spaziergang oder einen Besuch im Comic-Museum an – dann ist man schon in der richtigen Stimmung. Hier kann man stundenlang stöbern, Hefte durchblättern, neben einem Obelix-Pappaufsteller posieren und überlegen, welches Struppi-Poster unbedingt noch in die eigene Wohnung gehört. Die Mitarbeiter lassen einen in Ruhe schauen, sind aber jederzeit ansprechbar und beraten gut geschult bei Fragen und Zweifeln.

Die Lage des Ladens könnte nicht besser sein: auf einer Straßenecke direkt am Mont des Arts/Kunstberg, zwischen Kunstgalerien und Museen, unweit vom Hauptbahnhof entfernt. So kann man es sich mit dem neu erworbenen Lesestoff auf den Treppen des Kunstbergs gemütlich machen, der Musik lauschen, die die Straßenmusiker hier zum Besten geben und das quirlige Treiben beobachten, während man die Seite der Abenteuergeschichten umblättert.

La Maison de la BD/Het Huis van het Stripverhaal, Boulevard de l'Impératrice/Keizerinlaan 1, 1000 Brüssel, Tel. +32 2/5 02 94 68
www.maisondelabd.be/en
ÖPNV: Metrolinien 1, 5, Haltestelle Gare Centrale/Centraal Station

THE LAND OF
HERGÉ
HERGE
THE ADVENTURES OF
TINTIN
TINTIN IN AMERICA
HERGE
THE ADVENTURES OF
TINTIN
CIGARS OF THE PHARAOH
R. GOSCINNY
Asterix
Asterix IN
Written by René GOSCINNY
UDERZO
R. GOSCINNY
Asterix
Asterix IN BELGIUM
Written by René GOSCINNY
Illustrated by Albert

73 *Concept Store Hunting & Collecting*

Es ist der Conceptstore für Fashion Addicts und Deko-Lover. Und natürlich für Jäger und Sammler. Das wird schon beim Eintreten des Landes klar. Fein säuberlich stehen viele, viele kleine handgemachte Vasen, Blumentöpfe und andere Dekoartikel in Pastellfarben auf weißen Tischen drapiert und warten nur darauf, dass sich ein Kunde ihrer annimmt, sich darin verliert und sich nicht entscheiden kann. Auf über 300 Quadratmetern ist hier Design, Kunst und Mode ausgestellt – und zum Kaufen bereit. In einer Ecke gibt es Sneaker, hübsch sortiert in einem großen geometrischen Kristall aus feinen weißen Eisenstangen. Daneben stehen weiße Kleiderstangen mit farblich sortierten Oberteilen verschiedener europäischer Marken. Der Raum ist hell, Weiß dominiert, doch gezielt sind Farbtupfer eingesetzt, vor allem in den Pastellfarben Blau und Rosa. Es ist nicht nur eine Boutique für zeitgenössische Mode und Kultur, das Ladenkonzept selbst ist Kunst. Der Raum befindet sich immer im Wandel, gilt als Experiment und Spielwiese, als weiße Leinwand für die unzähligen Ideen der beiden kreativen Besitzer. Im Rhythmus von sechs Monaten ändern sie komplett ihren Laden und dekorieren ihn zu einem bestimmten Thema passend. Das regt auch die Kreativität der Kunden an, die so sehen, wie sich ein und derselbe Raum durch verschiedene Elemente verändern lässt.

Was es schon gab: Apés-Ski mit Schlittschuhen, Kunstfell, Postkarten von schneebedeckten Bergen; südamerikanische Wüste mit indigenen Mustern, Kakteen und Kleidung in Erdtönen; Wintergarten mit vielen Pflanzen, vor allem Palmen und Boho-Accessoires; Mystik mit Kristallen und viel Blau und Lila; Paradies mit knalligen Neon-Akzenten in Gelb und Pink auf den Holzbalken des Ladens und kleinen Stoffpapageien, die den Kunden verstohlen beobachten. Wer neugierig ist, was sich die Ladenbesitzer als Nächstes einfallen lassen, sollte also im halbjährlichen Rhythmus die Stadt und den Laden besuchen – es lohnt sich.

Hunting & Collecting, Rue des Chartreux/Karthuizerstraat 17, 1000 Brüssel, Tel. +32 2/5 12 74 77
www.huntingandcollecting.com/brussels
ÖPNV: Tramlinien 3, 4, 32, Haltestelle Bourse/Beurs

Slow

Schwimmen im Jugendstil

74 *Bain d'Ixelles*

115 Jahre ist das Hallenbad alt und somit das älteste in der Region Brüssel. Hier wird Schwimmen zu einem Museumsbesuch, und während des Rückenkraulens kann man die geometrisch angeordneten Stahlträger bewundern und dazwischen den Brüsseler Himmel durch das schmale mittige Glasdach. Aber auch beim Brustschwimmen ist dieses Bad eine Augenweide, vor allem für Jugendstil-Fans durch die Industriearchitektur der Jahrhundertwende. Besonders sehenswert sind die Umkleidekabinen. Sie erinnern an kleine Strandhäuschen, weil es viele einzelne Kabinen und keine Sammelumkleiden sind. Das komplette Becken wird auf zwei Etagen von den Umkleiden im Stil der Epoche umringt. Immer wieder geht eine schmale Tür auf und eine zu. Von der oberen Galerie hat man einen tollen Blick auf das Bad, das Dach und die gesamte Architektur. Die kleinen Einzelkabinen und vielen Türen geben dem Bad seine ganz eigene Optik. Die Kleidung bleibt übrigens in der jeweiligen Kabine, Schließfächer gibt es nicht.

Das gesamte Bad ist gut geheizt: Die Raumtemperatur beträgt 30 Grad, das Wasser hat eine Temperatur von 28 Grad. Die Abmessungen des Beckens weichen von der Wettkampfnorm ab mit 29,20 Metern Länge, 14,40 Metern Breite und einer Tiefe von 3,25 Metern. Es ist kein großes Schwimmbad mit vielen Becken und Bereichen zum Ausruhen – hier geht es ums Schwimmen. Das Hallenbad besitzt dieses eine Becken, in dem jeder seine Runden ziehen kann. Mehr nicht. Aber das reicht auch. Der Charme des Hallenbads ist einfach umwerfend. Wer in noch ein architektonisch ansehnliches Hallenbad eintauchen möchte, sollte in das Nachbarviertel Saint-Gilles/Sint-Gillis gehen. Dort befindet sich die nur ein Jahr jüngere Piscine Victor Boin, die eine ähnliche Architektur mit Deckenfenster, klaren Linien und vielen kleinen Umkleidekabinen aufweist – diese sind aber sogar auf drei Etagen verteilt.

TIPP

Für Tauch-Fans: NEMO 33, das tiefste Schwimmbad der Welt, bietet mit 33 Metern Tiefe Tauchbedingungen wie im Freiwasser.

Bain d'Ixelle, Rue de la Natation/Zwemkunststraat 10, 1050 Brüssel, Tel. +32 2/5 15 69 31 www.ixelles.be/site/222-Piscine

ÖPNV: Tramlinie 81, Haltestelle Germoir, Buslinie 59, Haltestelle Natation/Zwemkunst

Zu Gast beim König

75 *Königlicher Palast*

Wie sieht der Arbeitsplatz des belgischen Königs aus? Wo empfängt er Staatsgäste? Einmal hinter die Fassade des prunkvollen Palastes blicken und royale Luft schnuppern. Das können wir! Wenn die Feierlichkeiten zum Nationalfeiertag am 21. Juli beendet sind und der König mit seiner Familie in den Urlaub reist, darf das Volk den Palast betreten. Kostenlos. Seit 1965 ist das Tradition, die Besuchszeit geht bis Anfang September. Der Palast ist die Arbeitsstätte des Königs, der Königin und deren Mitarbeiter, hier werden aber auch Gäste empfangen.

Alle Räume des Palastes sind beeindruckend, prächtig und voller Historie. Der Spiegelsaal ist der imposanteste. Er wurde in den ersten Jahren des 20. Jahrhunderts errichtet. König Leopold II. wollte ihn dem Kongo widmen, daher kommt die große Afrikakarte oberhalb der Kamine. König Albert I. ließ dann aber statt afrikanischer Szenen Spiegel anbringen, und 2002 durfte der belgische Künstler Jan Fabre dem Raum ein Kunstwerk schenken. Von ihm stammt die türkise Decke, das Highlight des Raums. Denn es ist keine schimmernde Deckenfarbe, sondern es sind fast anderthalb Millionen Deckflügel von Juwelenkäfern, die an der Decke angebracht sind. Auch einer der drei Kronleuchter bekam Käferpanzer und besticht in schimmerndem Grün.

TIPP Nebenan führt ein unterirdischer Rundgang durch den Palais du Coudenberg/Paleis op de Koudenberg.

Richtig prachtvoll ist der Empiresaal mit seinen kristallenen Kronleuchtern, weiß-goldenen Säulen, verziertem Holzboden und goldenen Ornamenten. Dieser Raum gehört zum ältesten Teil des Palastes und besitzt ein Kunstwerk aus elf Blumentöpfen, die jeweils mit Erde aus einer belgischen Provinz gefüllt und mit einer Blumenart, die die entsprechende Provinz symbolisiert, bepflanzt sind: die Schwertlilie für Brüssel, das Immergrün für Ostflandern, die Primel für Namur, die Hyazinthe für Hennegau, der Klatschmohn für Flämisch-Brabant, der Ginster für Limburg, das Veilchen für Lüttich, die Butterblume für Wallonisch-Brabant, die Anemone für Luxemburg, die Glockenheide für Antwerpen und das Gänseblümchen für Westflandern.

Palais Royal/Koninklijk Paleis, Rue Brederode/Brederodestraat 16, 1000 Brüssel, Tel. +32 2/5 51 20 20, www.monarchie.be/de#kulturerbe

ÖPNV: Metrolinien 2, 6, Haltestelle Trone/Troon, Tramlinien 92, 93, Haltestelle Royale/Koning

Edle Klänge

76 *Königliches Konversatorium*

Musik in Spitzenqualität von den besten Kammerensembles der Stadt – kostenlos. Das bekommt man im Königlichen Konservatorium. Hier geben die besten Studenten regelmäßig Gratiskonzerte in allen möglichen Musikstilen von Klassik bis zeitgenössischer Musik. Es sind Probenabende, bei denen die Studenten ihre neusten Werke zum ersten Mal einem Publikum vorführen. Dies gehört zu ihrer Ausbildung und soll sie auf ihre spätere Rolle als Künstler und Kulturvermittler vorbereiten. Die Abende sind beliebt und oft gut besucht. Es besteht die Möglichkeit, sich vorher anzumelden.

Die Konzerte finden im Konservatorium statt, einem denkmalgeschützten Gebäude und architektonischen Juwel von 1872, in dessen Mitte sich ein Innenhof befindet. Das Konservatorium ist Teil des Brüsseler Kulturerbes. Das neoklassizistische Gebäude ist allerdings stark renovierungsbedürftig. Dafür wurden 2018 endlich die ersten Schritte eingeleitet. Alle technischen Anlagen sollen modernisiert werden, darunter auch Heizung und Lüftung, und für die Besucher soll es in Zukunft mehr Komfort geben durch Umgestaltungen des großen Konzertsaals, des Kammermusikzimmers und der Proberäume.

1813 wurde das Konservatorium in Brüssel eröffnet – als Gesangsschule mit dem Schwerpunkt auf Oper. Dank ihres Erfolgs entwickelte die Schule sich weiter und bot vermehrt auch Unterricht im Instrumentalbereich an. 1826 wurde sie auf Geheiß Willem I. von Oranien zur Königlichen Musikschule. Während der Revolution von 1830 wurde die Schule geschlossen und 1832 als Königliches Konservatorium wiedereröffnet. Seitdem existiert es in seiner heutigen Form: als eine Institution, die Studenten in Musik und Theater auf hohem Niveau ausbildet. 1877 gründete der damalige Leiter des Konservatoriums, François-Auguste Gevaert, das Instrumentenmuseum, um seinen Schülern weniger bekannte Musikinstrumente näherzubringen. Heute studieren knapp 650 Schüler aus fünf Kontinenten in dem Konservatorium und werden von rund 230 Lehrenden unterrichtet.

Conservatoire Royal de Bruxelles/Koninklijk Conservatorium Brussel, Rue de la Régence/ Regentschapsstraat 30, 1000 Brüssel, Tel. +32 2/5 11 04 27
www.conservatoire.be

ÖPNV: Tramlinien 92, 93, Buslinie 27, 33, 95, Haltestelle Petit Sablon/Kleine Zavel

CONSERVATORIUM

Die Erhabene

77 *Nationalbasilika des Heiligen Herzens*

Ein breiter Boulevard führt von der Innenstadt bis zur Basilika vor den Toren der Brüsseler Innenstadt. Sie steht auf dem Koekelberg an der Grenze der Gemeinden Koekelberg und Ganshoren. Die allgemein als Basilika von Koekelberg bekannte Kirche ist eine der größten der Welt und von vielen Orten der Stadt zu sehen, auch weil die Lage auf dem Hügel sie noch größer wirken lässt, als sie sowieso schon ist. Sie ist die fünfthöchste Kirche der Welt – nur 12 Meter kürzer als der Petersdom – und das weltweit größte Kirchengebäude im Art-déco-Stil. Sie hat eine Länge von 164,5 Metern und ist 108 Meter breit, 3.500 Menschen finden hier Platz. Die markante Kuppel hat einen Durchmesser von 33 Metern und ist 89 Meter hoch. Direkt unter der Kuppel befindet sich eine Außengalerie, die eine schöne Aussicht auf Brüssel und die flämischen und wallonischen Teile der Provinz Brabant verspricht. Bei gutem Wetter kann man sogar die Kathedrale in Mechelen und die Ebene von Ronquières erkennen.

Und wer steckt hinter diesem Monument? Natürlich Leopold II. Er war verrückt nach dem Montmartre mit der Sacré-Coeur in Paris und wollte das in Brüssel kopieren. Also wurde 1905 der Grundstein gelegt, doch wegen der Weltkriege ruhten die Arbeiten jahrelang. Der belgische Architekt Albert van Huffel änderte die Pläne von einem neugotischen Konzept zu einer Kirche im Art-déco-Stil. 1951 wurde die Riesenkirche feierlich eingeweiht. Die große Kuppel war 1969 fertig, und 1970 waren die Bauarbeiten an der Basilika vollständig beendet. Das Gebäude ist so groß, dass es nicht allein eine Kirche ist. Hier befinden sich auch zwei Museen: das Museum der Schwarzen Schwestern und das Museum für Moderne Religiöse Kunst. Unter dem Kirchenboden ist eine wahre Stadt versteckt mit Räumen, die für verschiedene Veranstaltungen gemietet werden können, einer Krypta, einem Theater, einer Kapelle, einer Portierwohnung und einem Restaurant, in dem jeden Samstagabend ausgelassene brasilianische Samba-Party ist.

TIPP Ganz in der Nähe: Im Belgian Chocolate Village können Besucher ihre eigenen Pralinen herstellen.

Basilique Nationale du Sacré-Cœur/Nationale Basiliek van het Heilig Hart, Parvis de la Basilique/Basiliekvoorplein 1, 1083 Ganshoren, Tel. +32 2/4 21 16 60, Eingang: Tür 6, grüner Pfeil www.basilicakoekelberg.be

ÖPNV: Tramlinie 19, Haltestelle College Sacré-Coeur/Heilig Hartcollege oder Metrolinien 2, 6, Haltestelle Simonis

Der Mann mit dem Apfel

78 *Musée Magritte/Magritte-Museum*

‚Das haben wir schon gesehen' gibt es für einen Surrealisten nicht. Er ist auf der Suche nach dem ‚Das haben wir noch nie gesehen'.

René Magritte

Brüssel ohne ihn geht nicht: René Magritte. Zusammen mit Salvador Dalí, Max Ernst und Juan Miró zählt der belgische Maler zu den wichtigsten Vertretern des Surrealismus. In seinen Werken war er auf der Suche nach der Realität – die sieht durch die Augen eines Surrealisten allerdings manchmal sehr anders aus. Im Gegensatz zu Dalí und Ernst malte er keine Visionen oder Fantasiewesen, sondern kombinierte verschiedene Elemente aus der Wirklichkeit miteinander. Magritte wollte die Menschen dazu bringen, die Welt anders zu betrachten. 1924 war Belgien das erste Land nach Frankreich, wo die ersten Initiativen zur Entstehung einer surrealistischen Szene entstanden und in der das Spontane, Unbewusste und das Spiel mit dem Rationalen eine Rolle spielten. 1926 malte Magritte sein erstes surrealistisches Werk.

TIPP Auch die anderen Museen des Museumsviertels warten darauf, entdeckt zu werden.

Magrittes bekanntestes Gemälde ist „Der Sohn des Menschen" von 1964, das einen Mann vor einer kleinen Steinmauer mit Melone auf dem Kopf und einem grünen Apfel vor dem Gesicht zeigt. Dieses Werk ist allerdings in Privatbesitz. Viele andere sind im Magritte-Museum zu sehen. Wie „Die Rückkehr" aus dem Jahr 1940, mit der Silhouette einer Taube, in der sich ein blau-weißer Wolkenhimmel von einer dunklen Sternenlandschaft abhebt und ein Nest mit drei Eiern beleuchtet. Es drückt die Sehnsucht nach Frieden aus, von dem das damals besetzte Belgien weit entfernt war. Das Museum besitzt mit über 230 Exponaten die weltweit bedeutendste Sammlung des Künstlers. Die ständige Ausstellung wird regelmäßig durch externe Leihgaben erweitert. Das Museum wird von oben nach unten besucht. Man beginnt in der dritten Etage und arbeitet sich chronologisch von 1898 bis 1967 vor. Die Ausstellung endet mit Filmen über Magritte und solchen, die er selbst mochte.

Musée Magritte/Magritte Museum, Rue du Musée/Museumstraat 9, 1000 Brüssel, Belgien, Tel. +32 2/5 08 32 11, musee-magritte-museum.be/en
ÖPNV: Tramlinien 92, 93, Haltestelle Royale/Koning

BOHÉMA
(S)TVOŘENÍ

In der Unterwelt

79 *Kanalmuseum*

Der erste Kontakt ist etwas glitschig und schummrig. Hier zeigt sich Brüssel von einer anderen Seite. Ein bisschen gruselig ist es schon, und die Nase muss sich kurz an den ungewohnten Geruch gewöhnen. Danach ist es super spannend. Es geht von einer Straßenseite auf die andere – unterirdisch. Durch einen gewölbten Ziegelsteintunnel entlang des Kanals, der noch in Gebrauch ist. Die Route führt unter der Chaussée de Mons/Bergensesteenweg hindurch, das zeigt ein Metallschild über den Köpfen. Es sind nur 100 Meter, aber es fühlt sich weiter an. Oben die hupenden Autos und ratternden Straßenbahnen, unten plätscherndes Wasser, dumpfe Straßengeräusche. Es ist ein ungewöhnlicher Spaziergang, der an einer lebensnotwendigen Ader der Stadt entlangführt: der Senne. Brüssels Fluss ist oben in der Stadt so gut wie unsichtbar und steht hier im Mittelpunkt.

Auf dem Weg hinab zum Kanal befinden sich verschiedene Räume, in denen mit Filmen, Bildern und Ausstellungsstücken erklärt wird, wann und warum Kanäle angelegt wurden, was die Aufgaben von Kanalarbeitern sind und wie der Wasserzyklus funktioniert. Alles beginnt mit der Geschichte der Senne, die sich sanft durch die Altstadt schlängelte, bis sie so verschmutzt war, dass sie unter die Stadt verlegt wurde. Den Ausschlag gab die Cholera-Epidemie 1865. Durch die kurzweilige Ausstellung wird jedem noch einmal sehr bewusst, wie lebenswichtig Wasser für uns ist. Abwasser genauso wie sauberes Wasser. Eine Brüsseler Familie verbraucht im Durchschnitt 130 Liter Wasser am Tag pro Person. Über das Brüsseler Kanalnetz, das 350 Kilometer umfasst, werden täglich rund 200.000 m³ Abwasser transportiert. Das war und ist harte, gefährliche, unsichtbare Arbeit.

Die Besucher können auf eigene Faust die unterirdische Welt erkunden, oder sie lassen sich von einem ehemaligen Kanalarbeiter oder einem Historiker begleiten. Eine technische und eine historische Tour stehen zur Auswahl.

TIPP

Auf der Homepage nachsehen, ob das Museum geöffnet ist. Bei Starkregen ist es geschlossen.

Musée des Egouts/Riolenmuseum, Pavillon d'Octroi – Porte d'Anderlecht /Octrooipaviljoen – Anderlechtse Poort, 1000 Brüssel, Tel. +32 2/2 79 43 83, www.sewermuseum.brussels/en

ÖPNV: Tramlinien 51, 82, Haltestelle Porte d'Anderlecht/Anderlechtse Poort

Essen bei Freunden

80 *Restaurant Les Filles*

Dieses Restaurant hat kein Namensschild, keine Leuchtreklame, keinen Menüaushang. Wer die Adresse kennt, klingelt bei der imposanten Haustür des Altbaus und nimmt nach dem Eintreten die gewundene Holztreppe in den ersten Stock. Hier befindet sich der liebevoll und gemütlich eingerichtete Essensraum – man fühlt sich direkt wie im Wohnzimmer von Freunden. Bilder an den Wänden, Blumen auf den Tischen, warmes Licht, knarrender Holzboden. Das Geschirr ist zusammengewürfelt und passt doch zusammen: mit Blumenmuster oder Schnörkeln verzierte Teller, antikes Besteck und Kristallgläser. Das Les Filles ist der ideale Ort für ein ausgedehntes Mittag- oder Abendessen – und für eine nette Unterhaltung. Zusammen mit Unbekannten sitzt man an den großen Holztischen und kommt leicht ins Gespräch durch die familiäre und freundliche Atmosphäre. Die aufgeschlossenen Kellner regen gern ein lockeres Gespräch an.
Die Küche ist bodenständig, gesund und ändert sich täglich je nach Angeboten auf dem Markt und der Inspiration des Kochs. Er bevorzugt regionale Produkte, bietet Variationen für Vegetarier und Fleischesser. Hausgemachte Kuchen, Gebäck, Gazpacho, Eintöpfe, Käseplatten, Fisch, Saisongemüse und selbst gebackenes Brot. Alles wird liebevoll zubereitet und schmeckt wie zu Hause. Das Buffet steht hübsch angerichtet neben der offenen Küche. Hier kann sich jeder den Teller so voll schaufeln, wie er mag – und so oft gehen, wie er kann. Wem es die Gewürzmischungen, Marmeladen und Getränke angetan haben, der kann sie in dem kleinen Laden im Erdgeschoss kaufen. Am Wochenende ist das Les Filles ein beliebter Ort zum Brunchen. Vor allem dann ist eine Reservierung Pflicht, denn bei den Brüsselern ist das Restaurant mit dem innovativen Konzept längst kein Geheimtipp mehr.

Les Filles, Rue du Vieux Marché aux Grains/Oude Graanmarkt 46, 1000 Brüssel, Tel. +32 2/5 34 04 83, www.lesfilles.be

ÖPNV: Buslinien 33, 86, Tramlinien 3, 4, 32, Haltestelle Bourse/Beurs

Menu de Fêtes

Bibliografische Informationen der Deutschen Nationalbibliothek
Die Deutsche Nationalbibliothek verzeichnet diese Publikation in der Deutschen Nationalbibliografie; detaillierte bibliografische Daten sind im Internet über http://dnb.d-nb.de abrufbar.

Konzeption/Satz: Droste Verlag, Düsseldorf
Einbandgestaltung und Illustrationen: Britta Rungwerth, Düsseldorf unter Verwendung von Bildern von © Fotolia.com: jd - photodesign.de; © iStock: Plociennik Robert
Fotos: Christina Weise, außer:
S. 57: © House of European History / European Union, 2019 - EP; S. 61: pizzicalaluna - stock.adobe.com; S. 131: olrat - stock.adobe.com; S. 135: © David d'Hondt; S. 157: Anibal Trejo - stock.adobe.com; S. 161: dudlajzov - stock.adobe.com; S. 163: shingyan - stock.adobe.com
Druck und Bindung: Gutenberg Beuys Feindruckerei GmbH, Langenhagen
ISBN 978-3-7700-2180-2

www.drosteverlag.de